생명교육총서 6

이야기,
우리가 살아가는 힘

유지영 · 김혜미 · 김경희 · 손경형 · 정예빈
정영미 · 박미옥 · 용채은 · 이정은 · 강원남
글

문진성
그림

박문사

이 저서는 2012년 정부(교육과학기술부)의 재원으로 한국연구재단
의 지원을 받아 수행된 연구임(NRF-2012S1A6A3A01033504).

　사람과 사람이 만나면, 우리는 이야기를 합니다. 잘 지냈냐는 이야기부터, 그간 힘들었던 것까지, 모두 이야기를 통해 나를 전달합니다. 사람 간의 만남에서 나의 삶을 보여주고, 상대방의 삶을 이해하는 것은 모두 이야기의 형식으로 되어 있습니다. 이야기는 우리의 삶에서 빠질 수 없는 하나의 구성 요소라고 해도 과언이 아닐 것입니다.

　우리는 서로의 삶의 이야기를 들으며 함께 슬퍼하기도 하고, 함께 기뻐하기도 하며, 살아갈 힘을 얻기도 합니다. 언제나 우리 가까이 있는 이야기들은 나의 삶에 엄청난 영향력을 행사하고 있다고도 할 수 있습니다. 그렇다면 우리는 이야기를 통해 삶을 건강하게 이끌어 나갈 수 있는 방편을 마련하는 것이 중요할 것입니다. 결국은 삶을 이야기하는 교육 콘텐츠를 모아 보는 작업이 필요하게 되겠지요. 이에 따라 제1장에서는 '생명교육 콘텐츠의 필요성'이라는 제목으로 '이야기'로 구성된 이 책의 전체적인 필요성과 목적을 피력하고 있습니다.

　제2장에서는 '죽음과 애도의 이야기'라는 제목으로 세 편의 글을 엮었습니다. 〈신립은 왜?〉는 중·고등학생 및 성인과 함께 나눌 수

있는 이야기입니다. 이 이야기는 자살을 하려는 사람과 도움을 주는 사람 간의 역학 관계를 확인할 수 있도록 하였습니다. 〈아버지의 숲〉 또한 중·고등학생 및 성인을 대상으로 작품 감상 활동을 할 수 있도록 되어 있습니다. 이 이야기는 어린 나이에 아버지를 잃은 자녀가 성인이 되면서 아버지를 진정으로 보내줄 수 있게 되는 내용을 담음으로써 애도가 무엇인지 고민할 수 있도록 해 줍니다. 〈래퍼 청수〉는 중·고등학생을 대상으로 어머니를 잃은 슬픔을 자신의 방식으로 애도하는 내용을 담으며, 청개구리 같던 청수가 변화하는 이야기를 담았습니다.

제3장에서는 '다시 시작하게 하는 이야기'라는 주제로 세 편의 글을 엮어 보았습니다. 〈꼬마 나그네쥐 이야기〉는 초등학생을 대상으로 교육 활동을 할 수 있도록 하였습니다. 이 이야기는 죽음으로 가는 다른 쥐들과는 다른, 자기 자신만의 삶을 살게 되는 꼬마 나그네쥐 이야기를 담아 내었습니다. 〈안개〉는 중·고등학생 및 성인을 대상으로 함께 이야기를 나눌 수 있도록 구성되어 있습니다. 이는 자살 시도자와 그의 가족이 상담을 통해 서로를 이해하게 되어 '하나의 가족'이 되는 이야기입니다. 〈그녀와 그〉는 성인을 대상으로, 부부관계의 어려움을 구체적으로 그려내어 독자로 하여금 자신의 아픔을 투사하며 공감할 수 있도록 그려낸 이야기입니다.

제4장에서는 '소중한 생명의 이야기'라는 주제로 세 편의 글을 엮었습니다. 〈농부한테는 비밀이야〉는 초등학생과 함께 생명의 소중함을

나눌 수 있도록 구성되어 있습니다. 이 이야기는 양파가 사계절을 지나며 힘들어하는 주변의 친구들에게 용기를 줌과 동시에 자신의 성장을 이루는 내용입니다. 〈버려진 차돌과 숨겨진 바위〉 또한 초등학생 친구들과 나눌 수 있는 내용입니다. 결핍이 있는 두 친구가 함께 서로에게 용기를 주며, 더 나은 삶으로 나아가는 이야기라고 할 수 있습니다. 〈지렁이 꼬리〉는 초등학생과 중·고등학생을 대상으로 교육 활동이 가능하게 구상하였습니다. 이 이야기는 서로를 도와주는 개미들과 그 개미에게 뜻하지 않은 고난을 주는 마지막의 반전을 충격적으로 그려내고 있습니다.

본 총서는 "생명교육 콘텐츠"라는 강의 시간을 통해 각자가 생명교육을 실질적으로 진행할 수 있는 스토리를 만들어 내면서 시작되었습니다. 본 총서는 한림대학교 고령사회연구소 유지영 교수님의 적극적인 지원과 한림대학교 생명교육융합학과 대학원생인 김경희 선생님, 손경형 선생님, 정예빈 선생님, 정영미 선생님, 박미옥 선생님, 용채은 선생님, 이정은 선생님, 강원남 선생님(목차 순)의 불타는 창작 과정을 통해 탄생하게 되었습니다. 지원을 아끼지 않은 모든 분들에게 감사의 뜻을 전하며 서문을 마무리하고자 합니다.

2021년 8월
한림대학교 고령사회연구소 유지영
한림대학교 생사학연구소 김혜미

목 \ 차

제1장 생명교육 콘텐츠의 필요성

제2장 죽음과 상실의 이야기

목 \ 차

이 야 기
우 리 가
살아가는 힘

제2장

죽음과 상실의 이야기

신립은 왜?

김혜미

신립과 친한 군관이 적이 벌써 조령을 넘었다고 몰래 보고하자, 신립은 망령된 말이라고 하여 참하였다. 그리고는 장계를 올려 적이 상주를 아직 떠나지 않았다고 하고, 군사를 인솔하여 탄금대彈琴臺에 나가 주둔하여 배수진을 쳤는데, 앞에 논이 많아 실제로 말을 달리기에는 불편하였다.

신립이 어찌 할 바를 모르고 곧장 말을 채찍질하여 주성州城으로 향하여 나아가니 군사들은 대열을 이루지 못하고 점점 흩어지고 숨어버렸다. 성중의 적이 호각 소리를 세 번 발하자 일시에 나와서 공격하니 신립의 군사가 크게 패하였으며, 적이 벌써 사면으로 포위하므로 신립이 도로 진을 친 곳으로 달려갔는데 사람들이 다투어 물에 빠져 흘러가는 시체가 강을 덮을 정도였다.

신립이 여물과 말을 달리면서 활을 쏘아 적 수십 명을 죽인 뒤에 모두 물에 뛰어들어 죽었다. 신립에게는 누이의 아들로 따라다닌 자가 있었는데, 도망하여 모면하려고 하자 신립이 노하여 말하기를 '네가 어찌 살려고 하느냐.'하며 머리를 붙잡고 함께 빠져 죽었다.

〈선조수정실록 26권, 선조 25년 4월 14일 계묘 16번째 기사〉

1

과거 급제와 휴가

장인은 형님을 좋아했다. 어릴 때부터 장인에게 글을 배웠고, 활 쏘는 법을 배웠고, 장수가 될 기량을 키웠다. 그럼에도 항상 장인은 맏사위만 칭찬했다. 신립은 이상하다고 생각했다. 장인에게 자신의 어떤 부분이 마음에 들지 않는지, 형님에 비해 글을 못 쓰는지, 칼을 못 쓰는지 물어보고 싶었지만 참았다. 아니, 그럴 수 없었다. 판서를 지내며 나라의 큰일을 호령하는 장인에게 신립이 자신의 의견을 내는 것은 어려운 일이었다. 신립의 할아버지야 이조판서를 지냈지만, 그의 아버지는 아니다. 아버지는 겨우 생원만 지냈을 뿐이다. 할아버지의 이름으로 혼인한 신립은 할아버지가 안 계신 지금, 장인을 거스를 만한 힘이 없다.

형님이 먼저 과거에 급제했다. 신립도 같이 과거의 등용문으로 가서 자신을 시험하고 싶었지만, 장인이 말했다.

'맏사위 먼저'.

신립은 자신도 이번 과거 길에 나서고 싶다고 하였지만, 장인은 좀 더 배우라고 하였다. 글공부 보다 무예를 좋아하는 신립에게 장인은 더 앉아서 공부를 해야 한다고 하니 몸이 뒤틀렸다. 엉덩이에 종기가 나는 것이 낫겠다고 생각하는 날이 하루 이틀이 아니었다.

과거 시험의 공고가 난 날, 장인은 신립이 문과를 보기 원했다. 하지만 신립은 아니었다. 처음으로 장인의 의견을 거스르고 무과 시험을 봤다. 자신 있었다. 잘 하면 1등도 하겠다고 생각했다. 그리고 올해는 임금이 즉위(即位)[1]한 해이다. 신립이 자신의 능력만 잘 보여준다면, 이제 막 임금이 된 주상으로서는 인재를 찾았다고 좋아할 것이다.

신립의 예상은 맞아 떨어졌다. 신립은 아버지보다 먼저 장인에게로 뛰어갔다. 장인이 그렇게 활짝 웃는 모습을 본 일은, 지난번 형님이 과거 급제했을 때 이후 처음인 것만 같았다. 딸 둘만 있는 장인은 사위들이 나랏일에 진출하는 것이 자신을 뒷받침하는 일이라고 생각했을 게다. 맏사위에 이어 둘째 사위까지 자신의 버팀목이 되어 주니 웃지 않을 수 있으랴.

"그동안 고생들 많았다. 이번에 둘째도 큰일을 치렀으니 두 사람 모두에게 열흘의 시간을 주마. 다니고 싶은 곳으로 어디든 다녀오너라."

형님이 등과했을 때는 없었던 일이다. 장인은 더욱 정진해야 한다며 급제한 형님에게 어디도 못 가게 하였다. 그러다 신립이 등과를 하자 두 사람 모두에게 모꼬지[2]를 갈 수 있게 해 준 것이다. 신립은

---

1. 금이 될 사람이 예식을 치른 뒤 임금의 자리에 오름.

어깨가 부쩍 올라가는 느낌이었다. 신립의 생각에 장인은 이번 자신의 등과를 더욱 크게 쳐주고 있는 것은 아닌가 생각하며 으쓱댔다.

"어디로 갈 테냐?"

형님이 묻는 이유가 뭘까 생각했다. '혹시 같이 가고 싶은가?' 하지만 신립은 형님과 같이 가고 싶지 않았다. 그때 형님의 하인이 나귀를 내왔다. 이때다 생각했다.

"나귀를 타고 가시렵니까? 저는 활이나 둘러메고 강원도 산속으로
가서 사냥이나 하다 오렵니다."

신립이 사냥을 좋아하는 것은 사실이었으나, 강원도로 가고자 함은 험한 산길에 나귀가 다닐 수 없기 때문이다. 신립은 그 길로 활과 화살을 챙겼다. 오늘은 늦었으니 새로 날이 밝으면 가라는 형님의 말을 뒤로 하고 신립은 강원도 산길로 하인도 데리고 가지 않은 채 떠났다. 형님의 말대로 그새 날이 저물어 한 치 앞이 안 보인다. 그때 저 멀리 불빛이 보였다. 신립은 '사람 죽으라는 법은 없지'라고 생각하며 등불이 보이는 집으로 달려갔다.

---

2. 짧은 여행이라는 뜻의 순 우리말

2

구원자

깊은 산 속에 사는 한 소녀는, 혼자였다. 아직 부모의 곁이 그리울 나이. 하지만 부모·형제는 모두 떠나고 없다. '오늘도 그 괴한이 올까?' 생각만 해도 온몸이 떨렸다. 하지만 소녀는 죽지도 못했다. 괴한이 하루에 한 명씩 가족을 죽일 때마다 소녀는 자신도 죽겠다고 결심을 했지만, 결국은 그렇게 하지도 못했다. 소녀는 자기 자신을 책망하며 오늘도 무릎 사이로 고개를 박은 채 울기 직전이다.

"이리 오너라"

대문 밖에서 소리가 들렸다. '그 놈이다' 생각한 찰라, 절대 그 괴한은 문을 두드리지 않는다는 사실이 생각났다. 소녀는 자리에서 벌떡 일어섰다. 다시 소리가 들렸다. 신발을 제대로 꿰어 신지도 못한 채, 급히 달려 나갔다. 그곳에는 처음 보는 한 남자가 떡하니 버티고 서 있었다. 남자는 활통을 어깨에 둘러메고 있었지만, 덩치가 큰 편은 아니었다.

'이 남자가 괴한을 이길 수 있을까?'

소녀는 남자를 보고 있었지만 생각에 잠겨 아무 말도 하지 않았다. 그때 남자가 말을 걸었다.

"오늘 하루 묵어갈 수 있겠습니까?"

일단 거절.

"방은 많지만, 여기서 유숙하실 수는 없겠습니다."
"방이 많은데 어찌 묵어갈 수 없다는 말씀입니까?"
"매일 가족들이 한 명씩 죽어 나갔습니다. 이제 저 하나만 남았고, 오늘이 제 차례입니다."

소녀의 말을 듣고 남자는 호탕하게 웃었다.

"나는 신립이라는 사람입니다. 이번에 무과에 급제를 했지요. 걱정 마세요."

들어오라는 소리도 안 했는데 신립이라는 남자는 소녀의 곁을 지나 집으로 들어갔다. 이미 집 안으로 들어온 사람. 소녀는 저녁을 차려 대접하였다. 처음 온 집에서 정말 잘 먹는다고 생각할 만큼 우걱우걱 먹는 것이 힘 좀 쓸 수도 있겠다는 생각이 들어 약간의 안심도 되었다. 그때였다.

"넌 뭐야?"

괴한은 마루에 쏜살같이 올라와 신립이 먹던 저녁상을 뒤집어 엎었다. 소녀는 소리를 지르며 뒷걸음질을 쳤다. 신립은 그대로 그 자리에 앉아 괴한을 쳐다보았다. 신립은 남산만큼이나 커 보이는 괴한을 앉은 채로 노려보았다. 괴한은 차고 있던 칼을 뽑아 들었다. 소녀는 눈을 질끈 감았다.

'아. 오늘 또 한 명이 죽겠구나.'

쿵-하고 사람이 바닥에 나뒹구는 소리가 났다. 소녀는 잠시 들렀다던 신립이라는 남자가, 이제 막 무과에 급제했던 남자가, 하룻밤 유숙하러 온 곳에서 운도 없이 죽게 되었다고 생각했다. 그렇게 생각하며 겨우 눈을 떴다. 그런데 바닥에 쓰러져 있는 사람은 매일 밤 자신을 괴롭히던 그 놈이었다. 신립이 어느 샌가 자신의 옆에 있던 활시위를 당겨 괴한의 머리를 관통시켰던 것이다. 소녀는 작게 혼잣말을 했다.

"살...았다."

3
불기둥

소녀는 떨고 있었다. 신립은 떨고 있는 소녀를 방으로 들어가게 했다. 괴한의 시신은 멍석으로 덮어두고, 내일 아침 마을에 가는 대로 도움을 청해야겠다고 생각했다. 떨고 있는 소녀에 반해 신립은 자신이 대장부로써 불쌍한 한 여인을 도왔다는 생각에 뿌듯함을 느꼈다.

아침이 되자 마을 사람들이 올라와 시신을 수습해 갔다. 신립이 어찌 알고 찾아왔느냐고 하니, 매일 사람이 죽어 나가는 집이라 아침마다 확인하러 온다고 하였다. 모든 일이 정리되어 가고 있는 것 같아 신립은 소녀에게 자초지종을 물었다. 소녀는 한양에 살다가 산속으로 들어오게 되었는데 어느 날 찾아온 괴한이 소녀를 아내로 삼게 해달라고 하여 사건이 발생되었다고 하였다. 부모님이 반대하자 차례로 죽이고, 계속해서 반대하자 오라비까지 죽인 사연을 이야기하였다.

"죽을 날만 기다리며 집에 숨죽이고 있는데, 장군님께서 나타나 구원해 주셨습니다. 너무 감사할 따름입니다."

장군님? 신립의 기분이 좋아졌다. 물론 장군이 될 사람이었지만 미리 불러주는 것도 나쁘지 않았다. 신립은 미소 지으며 짐을 챙겼다.

등청을 해야 하는 날이 얼마 남지 않은 상황인지라 남은 날들을 허투루 보내기 아쉬웠다. 일어나려는데 소녀가 신립의 손을 붙잡았다.

"저도 데려가 주십시오. 몸종이나 부엌데기라도 좋습니다."

신립은 날아갈 것 같이 좋았던 기분이 땅 속으로 꺼져버림을 느꼈다. 소녀가 자신을 데려가 달라고 말할 때 떠오른 사람은 단 한 명.

장.인.

신립은 아내 말고 다른 여자를 집으로 데리고 갔을 때, 그 청천벽력을 감당할 수 없었다. 아내의 눈살도 있겠지만, 더 무서운 것은 장인이다. 이제 겨우 인정받았다고 생각했는데⋯⋯. 이제 겨우 형님 보다 더 나아졌다고 생각했는데⋯⋯. 여기에서 장인의 눈길을 돌려버릴 수는 없었다. 신립은 소녀의 손을 뿌리쳤다.

"저는 이미 아내가 있는 몸입니다. 그럴 수는 없습니다."
"몸종이어도 좋습니다."
"양반집 규수를 그렇게 할 수는 없지요."

신립의 손이 빨라졌다. 어떤 것을 챙기고 어떤 것을 못 챙겼는지 모르겠지만, 일단 서둘러 짐을 들고 그 집을 나가는 것이 중요하다고 생각했다. 혹여나 소녀가 따라올까 겁이 났다. 뛰다시피 집에서 나왔다. 길 끝에 다다랐을까? 소리가 들렸다. 소녀의 목소리였다. 신립은 뒤를 돌아보았다. 소녀는 지붕 위에 올라가 있었다. 소녀는 자신이 서 있는 자리에서 물 같은 것을 붓고 있었다.

"나 좀 보시오."

소녀의 한 손에는 불씨가 들려 있었다. 아, 기름이구나. 신립은 생각했다. 소녀는 손에서 불씨를 내려놓았다. 마당에 떨어진 불씨는 기름을 타고 불기둥이 되어 솟아올랐다. 검고 매캐한 연기가 그새 신립의 앞까지 쫓아왔다. 신립은 그것이 소녀의 손길이라도 되는 양 휘휘 저으며 그 집에서 더 멀리 도망쳤다.

4
장인丈人

"얼굴에 수심이 도니 무슨 일이냐?"

장인은 어렸을 때부터 귀신같은 눈초리로 신립을 보았다. 감추고 싶어도 감출 수 없는 매서운 장인의 눈길. 신립은 사실대로 이야기했다. 거짓말을 할 요령도 없었다.

"못생긴 놈이로구나. 큰일을 하기에는 글렀다."

장인은 신립에게 등을 돌렸다. 신립은 다시 장인의 등을 보게 된 것이다. 하필 그때 형님이 돌아왔다. 형님은 말간 얼굴로 장인에게 절을 했다. 누가 봐도 좋아 보이는 얼굴이었다. 장인은 형님에게 얼굴에 화색이 도니 무슨 일이냐고 물었다.

"나귀를 타고 가는데 갑자기 비가 내려 주막집에 들러 저녁을 먹었습니다. 그런데 동네를 돌아다니던 미친 여자가 방으로 들어오더니 나가지 않았지요. 그 여인을 씻기고, 옷을 새로 입혀 재워 주었습니다. 그랬더니 여자는 죽어도 여한이 없다고 하였고, 정말 이상하게도 다음 날아침 여인은 그 자리에서 숨이 끊어진 채 잠들어 있었습니다. 제가 걱정하니 동네 사람들이 매일 내쳐짐만 당하던 여인이라며, 받아주어 고맙다고, 시신을 알아서 수습할 테니 걱정 말고 가라고 하여 집으로 바로돌아오는 길입니다."

장인은 형님을 향해 모르는 사람이지만, 남에게 참 잘했다고 하였다. 신립은 이상했다. 이해가 가지 않았다. 자신의 딸이 있는데 사위가 여자를 방으로 들여 씻겨주고 재워 주었다. 그럼 장인으로서는 딸을 두고 다른 여자와 하룻밤을 보낸 것인데, 그것을 칭찬하다니. 자신은 장인이 싫어할 것을 걱정하여 다른 여자에게 손길 하나 눈길하나 주지 않으려고 했건만. 신립은 더욱 부아가 났다.

그길로 신립은 아내에게 분가를 하자고 했다. 형님 댁이 있으니 둘째까지 집에 있지 않아도 되지 않냐고 열흘 낮, 밤을 설득했다. 아내도결국 신립의 청을 이기지 못하고, 아버지에게 분가를 하겠다고 이야기를 하였다. 처음에 들어와 살라던 장인은 선뜻 신립 부부를 집에서나가게 해 주었다. 신립은 자신을 말리지 않는 장인이 더 미웠다.

5
두 번째 인생

　뜨겁고 검은 열기가 소녀를 에워쌌다. 지금이다. 소녀는 불길 속으로 뛰어내리려고 하였다. 그런데. 비가 내렸다. 잠깐의 폭우로 인하여 불은 삽시간에 꺼졌다. 어안이 벙벙했다. 죽으려고 했으나 하늘이 살라고 한 것인가? 연기로 인해 기침이 났다. 그러면서 자신이 숨 쉬고 있다는 것이 느껴졌다. 상쾌한 공기란 이런 것이구나! 소녀는 이제 땅으로 내려가고 싶었다. 지붕 위로 올라올 때 벽에 기대어 두었던 사다리는 다 타버리고 없었다. 뛰어내려야 하는지 고민이 되었다.

　"살려주세요"

　소녀는 크게 소리쳤다. 두 번, 세 번, 네 번... 몇 번이나 외쳤는지 모른다. 연기를 먹었을 때보다 목이 더 아팠다. 끼익- 아직 다 타지 않은 대문이 열렸다. 한 초립동이가 들어왔다. 아랫동네 사람은 아닌 것 같았다. 외지인인가? 초립동이는 지붕 위를 올려다봤다. 아무 말도 없이 초립동이는 손을 뻗었다. 뛰어내리라는 소리인가? 소녀는 고민했다. 하지만 별 방도는 없어 보였다. 소녀는 뛰어 내렸다.

"괜찮으시므니까?"

말투가, 뭔가 이상했다. 소녀가 이상한 눈길로 보니 초립동이는 입을 다물었다. 그는 종이를 꺼냈다.

- 저는 지나가는 과객입니다. 여기 사람은 아니지만 산세를 좀 둘러 보고 있었습니다. -

그는 직접 하고 싶은 말을 종이에 적어 보여주었다. 한글이 개발새 발.

"저 좀 데리고 가 주세요. 저는 더 이상 기댈 곳이 없습니다. 혼자서 는 살아가기 어려워요."

- 저는 여기저기를 돌아다니는 사람입니다. 그래도 괜찮으시겠습니까? -
"네, 저는 어디든 따라 가겠습니다."

초립동이는 말을 할 줄 아는 사람인 것 같긴 했다. 그런데 아무래도 말투가 이상하여 말을 하지 않는 것 같았다. 그는 돌아다니면서 종이 에 산을 그리고, 강을 그리고, 성을 그렸다. 사람들이 사는 곳과 살지 않는 곳, 숨을 만한 곳과 숨지 못할 곳. 무엇 때문에 그렇게 그림을 그리는지 물었으나 초립동이는 대답하지 않고 웃기만 할 뿐이었다. 말이 없었지만 그래도 좋았다. 옆에 누군가가 있다고 생각하니 든든하였다.

어느 날 초립동이는 자신이 그리던 그림을 멈추었다. 원래 있던 곳으로 돌아가겠다고 하였다. 소녀는 초립동이에게 원래 있던 곳이 어디냐고 물었다. 진짜 사는 곳은 바다 건너에 있지만, 지금은 충주로 간다고 했다. 거기에 동료들이 있다고. 자신이 갈 곳은 위험한 곳이니 가고 싶은 곳으로 가라고도 하였다. 소녀는 혼자 있는 것이 더 위험하다고 생각했다.

"저는 그곳도 따라가겠습니다."

소녀는 그곳에 누가 있는지 몰랐다. 운명에 이끌리어 가는 것처럼 꼭 그곳에 가야만 하겠다고 생각했다.

6
우울한 출병

북방의 야인들이 침입하였다. 야인이 나라를 괴롭히면 괴롭힐수록 신립의 이름은 높아져갔다. 특히 이탕개의 1만여 군대를 물리친 것이 가장 큰 성과였다. 들리는 소문으로는 적군인 야인들도 모두 신립의 민첩함에 감복하였다고 하였다. 신립으로써는 야인들의 침입이 꼭 나쁜 것만은 아니라고 생각하게 되었다.

북방의 승전이 보고되고, 신립은 함경도북병사로 임명되었다. 그리고 남철릭[3], 환도[4], 수은갑[5], 투구 등도 하사받았다. 어머님은 신립에게 편지를 보내 신립의 승전 덕분에 나라에서 당신에게 매일 고기와 술을 보내고, 병이 나면 의원을 보내 치료해 준다고도 하였다. 이 소식을 들은 신립은 어떤 전투도 이길 수 있을 것만 같았다.

왜적이 침입하였다. 신립은 또 다른 기회라고 생각했다. 일본에 갔던 통신사인 서인 황윤길과 동인 김성일의 보고 내용이 서로 다른 것만 봐도 심각한 상황은 아니라고 판단했다. 선발대로 갔던 이일은 장계[6]를 보내 "오늘 신과 싸운 적군은 신병(神兵)과 같아서 감히 당할 사람이 없습니다. 신은 오직 죽음이 있을 따름으로 여기 대죄(待罪) 하나이다."고 하였다. 이일의 말을 들은 신립은 패잔병의 핑계라고 생각하며 콧방귀를 뀌었다.

임금은 신립에게 보검을 주며 명령에 따르지 않는 자는 모두 참하

---

3. 당상관인 무관이 입던 공복(公服)
4. 조선시대에 사용하던 전통 무기
5. 6㎠ 정도의 쇳조각에 수은을 입힌 다음 붉은 가죽끈으로 얽어서 만든 갑옷.
6. 왕명을 받고 지방에 나가 있는 신하가 자기 관하의 중요한 일을 왕에게 보고하던 일

라고 하였다. 신립은 온 나라의 기대가 자기 어깨에 있으니 모두 앞다
투어 자신과 함께 왜군을 격파하러 가겠다고 자원할 줄 알았다. 그러
나 아무도 따르는 자가 없었다. 유성룡의 도움으로 겨우겨우 출병이
가능했다. 신립은 매우 실망하였다. 종사관인 김여물이 심중을 간파
했는지, 함께 말을 타고 가며 이런저런 말을 건넸지만 귀에 들어오지
않았다.

　충주로 가는 도중 각 고을에서 군사를 징발하였다. 신립은 단월역ㄲ月
驛에 군을 주둔시키고 지형을 살펴보았다. 종사관을 위시한 많은 장령
들이 조령에서 매복을 할 것을 권유하였다. 신립은 기마병을 끌고 왔다.
매복을 하는 이 지형은 골짜기이다. 기마병의 장점이 발휘되기 어려운
지형이다. 신립은 고민이 되었다. 기마병을 활용할 것인지.

7
재회

　소녀는 초립동이와 다니면서 알게 된 것이 있었다. 몸을 숨기는
법. 초립동이는 사람이 많은 곳에 가지 않았다. 그리고 숲, 골짜기에
서 사람들의 눈에 어떻게 하면 띄지 않는지, 군중 속에 있더라도 어떻

게 자신이 돋보이지 않는지. 그렇게 소녀는 초립동이와 함께 몸을 숨기며 따라다녔다.

어느 날, 그는 일행이 있다고 했다. 그가 손으로 가리킨 곳에는 엄청나게 많은 사람들, 아니 군인들이 있었다. 몇 명인지 몰랐다. 수천 명이라고 하는 수가 이 정도인가? 소녀는 이렇게 많은 사람을 보는 것은 처음이었다. 그리고 조선사람이 아닌 사람들을 보는 것도 처음이었다. 초립동이가 정찰을 하던 왜병이었다는 것을 소녀는 이제야 알게 되었다. 그는 정찰병이기에 왜군 안에 있지 않았다. 초립동이는 군이 움직일 때마다 멀리서, 그리고 높은 곳에서 따라갔다. 멀리서 전체 지형을 보고, 선임자에게 보고를 하러 가는 것 같았다. 초립동이는 그때 소녀를 데리고 가지는 않았다. 초립동이가 기다리라고 할 때마다 소녀는 그 자리에서 움직이지 않고 항상 기다렸다.

드디어 목적지. 충주에 왔다. 바위 위에 앉았다. 탁 트인 곳에서 바람이 부드럽게 불어왔다. 이곳은 여기저기 깊은 산골이 있는 반면, 넓은 평지도 있었다. 멀리서 보아도 왜병들이 배 안에서도 분주하게 움직이고 있음을 알 수 있었다. 그리고 쇠로 되어 보이는 뭔가를 계속 옮기고 있었다.

"사람들이 하나씩 가지고 있는 저 큰 쇳대는 무엇인가요?"
"조총. 무기이므니다."

무기, 그간 무기라고 하면 칼과 활 이외에는 본 적이 없었다. 저것을 가지고 어떻게 싸운다는 것인지 알 수 없었지만, 모두들 하나씩 들고 있는 것을 보면 굉장히 좋은 무기이지 않을까 생각은 했다. 초립동이는 다시 길을 가야 한다고 했다. 자기편 사람들로부터 떠나는 것을 보니 조선 측에 정찰을 가려고 하는 것 같았다.

"멀리 가나요?"

초립동이를 고개를 저었다. 그가 손으로 가리키는 곳은 충주성이었다. 조선사람들이 어떻게 하고 있는지 정찰을 나가는 것 같았다. 달천평야를 지나는데 따뜻한 봄바람이 불어왔다. 조선사람들이 심은 모가 무럭무럭 자라 초록빛이 반짝였다. 달천평야 끝에 충주성이 있다. 충추성의 문은 굳건히 닫혀 왜군들이 어떻게 그 문을 열 수 있을까 궁금했다. 그때 망루에 한 사람이 올라오는 것이 보였다. 그는 장군의 복장을 하고 엄준한 얼굴을 한 채 성 밖을 돌아보고 있었다. 그런데 그의 얼굴이 눈에 익었다. 소녀의 구원자였다. 원수가 된 그 사람. 불기둥에 소녀를 도망치듯 버려두고 간 그 사람. 자신의 이름이 신립이라고 당당히 말하던 그 사람이다. 소녀는 다시금 그날의 기억이 생생하게 떠올랐다.

8

탄금대 전투

신립은 아직 결정을 하지 못했다. 잠자리에 들었지만, 잠이 오지 않았다. 새벽녘이 되어 겨우 선잠이 들었다. 그런데 누군가 다가오는 소리가 들렸다. 사락사락. 천이 흔들리는 소리가 들렸다. 잠결에 눈을 게슴츠레 떴다. 눈앞에 치맛자락이 보였는데, 그 치마의 아랫단이 찢어져 있었다. 신립은 고개를 들었다. 어디서 봤더라? 뿌연 기억 속에서 지붕 위에 있던 그 얼굴이 떠올랐다. 신립은 깜짝 놀라 벽에 기대 앉았다. 그녀는 신립을 보고 웃었다. 그녀는 치맛단을 신립에게 건넸다. 신립은 떨리는 손으로 치맛단을 받았다. 그리고 그녀는 돌아갔다. 휴우- 이제야 신립은 자신이 숨을 멈추고 있었던 것을 알게 되었다. 그녀가 준 치맛단을 펼쳐보았다.

- 탄금대 -

치맛단에는 탄금대라고 적혀 있었다. 신립은 웃음이 나왔다. 이제야 마음이 놓였다. 그래, 그녀는 신립이 그녀를 살려준 것에 사실은 고마움을 느끼고 있었던 게다. 그렇게 생각했다. 결과적으로 불기둥에서 죽긴 했지만, 그래도 그 전에 괴한에게서 그녀를 도와주지 않았던가! 신립은 그녀가 보답을 하러 온 것이라고 생각했다. 신립은 그녀의 치맛단을 손에 꼭 쥔 채 깊은 잠에 빠졌다.

아침이 되어 군회의를 열었다. 신립은 탄금대에 진을 치겠다고 했다. 기병을 중심으로 싸우려면 달천평야와 탄금대를 이용해야 한다는 것이 신립의 전략이었다.

"하지만 달천평야는 기마대가 기동력을 발휘하기에 적합하지 않습니다. 논이라 땅도 질척하고, 주변에는 갈대밭도 많습니다. 습지에 가까운데 어찌 기마병이 자유롭게 움직일 수 있겠습니까?"

기마대 대장이 반대 의견을 냈다. 하지만 고니시 유키나가가 이끄는 일본군이 조령을 넘어 평야로 오고 있다는 정찰대의 보고를 받지 않았는가! 더 이상 기다릴 수 없다. 신립의 입장으로는 그 중앙군을 막지 않으면 안 된다. 그리고 또 하나의 메시지가 있었지 않았느냔 말이다. 탄금대. 돌격을 통해 먼저 중앙군을 막으면 탄금대까지 가지 않아도 된다고 생각했다. 탄금대는 그녀가 준비해 준 최후의 보루이기 때문에 일단 먼저 평야에서 격파하고 난 후 추이를 지켜보자는 것이 신립의 생각이었다. 그리고 북방에서도 언제나 기마병으로 대승을 거두지 않았느냔 말이다.

전체 군을 이끄는 신립 장군의 의사가 명확하니 좌우의 다른 장수들은 그를 막을 수 없었다. 어쩔 수 없이 일차적으로 달천평야에 진을 쳤다. 기병들을 앞세워 돌격 위주의 전형을 짰다. 상대는 특별할 것이 없어 보였다. 신립은 궁기병을 앞세워 적의 심장을 노릴 수 있다고 판단했다. '고니시 유키나가는 어디에 있지?' 정면에는 있지 않은 것 같았다.

"돌격!"

김여물이 외치자 궁기병들은 말을 타고 앞으로 나아갔다. 신립이 보니 우리의 궁기병들은 생각보다 속도가 나지 않는 것 같았다. 그리고 궁기병들이 왜군의 중앙군에 달려가는데도 그들은 꼼짝도 하지 않고 기다렸다. 그때 좌우에서 조총을 든 왜군이 달려와 기마대를 에워쌌다. 신립의 기마병들은 순식간에 쓰러졌다. 조총소리와 비명소리가 평야에 가득했다. 시체가 산처럼 쌓였고 군자軍資와 군기軍器가 일시에 모두 결딴났다. 하지만 희망은 있었다.

"후퇴하라"

서둘러 탄금대로 전력을 이끌었다. 김여물과 이일이 함께 했다. 필사적으로 항전을 벌였다. 그런데 생각보다 탄금대로 후퇴한 사람이 많지 않았다. 기마병은 거의 죽었을테고, 나머지는 달천강으로 몸을 던지거나 포로로 잡힌 것 같았다. 수적 열세가 너무 심했다. 그들은 개미 떼처럼 몰려오고 있었다. 아무리 싸워도 왜군의 수는 줄어들지 않았다. 이제 갈 곳이 없었다. 자신의 꿈에 나타난 그녀가 생각났다. 자신에게 보답을 하러 온 것이 아니로구나.

9
복수

소녀는 초립동이를 따라 충주성으로 들어갔다. 달천평야에서 빠른 진압이 끝나고, 일본군은 바로 충주성을 점령했다. 충주성의 문은 스스로 열렸다고 생각될 정도로 빠르게 열렸다. 천천히 걸어 망루에 올라 탄금대를 바라보았다. 그때 초립동이는 소녀에게 다가와 3천 급의 수급과 100여명의 포로를 획득했다고 하며, 모두 소녀의 공이라고 하였다. 소녀는 그러한 공에 큰 의미가 없었다. 일본군에게 치하를 받는다고 한들, 더 좋을 것도 좋지 않을 것도 없었다.

"공이라니요. 되려 신립의 방에 들어갈 수 있도록 도움을 주어 고마워요."

신립의 방에 들어가기 전, 소녀는 초립동이에게 물었다. 어디에서 싸워야 일본군이 이기겠느냐고. 그는 자신이 그동안 정찰을 하며 만들었던 지도를 소녀에게 보여주었다. 달천평야에서 전쟁을 시작할 것이고, 탄금대로 몰아간다면 명백한 승리가 될 것이라고 하였다. 그 자리에서 소녀는 치맛단을 찢어 탄금대라고 쓴 다음, 초립동이에게 그의 방으로 들어가게 해주면 탄금대에 진을 치게 해 주겠다고 하였다. 그리고 신립은 역시 예상대로 그곳에 진을 쳤다.

저 멀리 탄금대에 왜군들 사이로 그가 보였다. 처절하게 싸우는 그가 보였다. 멀리서 봐도 일본군은 탄금대를 에워쌀 정도로 많았고, 조선군은 왜군들 사이에 박힌 점과 같이 보였다. 전쟁을 모르는 소녀가 보더라도 신립의 마지막이 머지않았다.

　탄금대에서 장군 하나가 강으로 투신했다. 소녀는 자진해서 투신한 그 사람을 명확하게 알아볼 수 있었다. '신립'

10
신립은 왜?

　조정과 민간에서는 맹장인 신립이 왜 탄금대에 배수진을 쳤는지 의아해 했고, 그에 대한 답을 찾을 수 없었다. 조정은 신립의 자결과 패배로 인하여 혼란에 빠졌다. 민가에는 〈신립장군과 원귀〉라는 이야기가 떠돈다. 신립이 왜 말도 안 되는 곳에 진을 쳤는지, 이유를 알고 싶어 하는 사람들이 만든 허무맹랑할지도 모르는 그 이야기는 현재까지도 입에서 입으로 전해져 내려오고 있다.

신립은 역사에 남을 명장으로 알려져 있다. 명성에 걸맞지 않게 신립이 탄금대 전투에 대패를 하게 되자 사람들은 신립이 왜 탄금대에 진을 쳤는지 이해하지 못하였다. 이후 사람들은 신립이 왜 잘못된 선택을 했는지 구비설화를 통해 이해할 수 있도록 이야기를 전해왔다.

<신립은 왜?>의 원작인 구비설화 <신립장군과 원귀> 이야기에는 자살을 하려는 사람에 대한 이해와 그를 도와주는 사람이 지녀야 하는 태도와 지침을 담고 있다. 이야기에서 신립이 끝내 자신을 데려가 주지 않자, 처녀는 자살을 시도한다. 위험에 닥쳤을 때 신립이 처녀를 도와주었지만, 처녀는 그것에 멈추지 않고 데려가 달라고 한 것이다. 신립이 구해주었는데도 왜 처녀는 죽겠다고 했을까? 여기에서 그녀의 성격을 알 수 있다. 바로 '의존적'이라는 점이다. 처녀는 타인에게 의존하지 않으면 살아갈 수 없는 인물이다. 그렇기에 가족이 모두 죽을 때까지 그 집에 있었고, 혼자 도망갈 수 있는 시간이 있음에도 집을 떠나지 못한 것이다. 이러한 처녀를 통해 우리는 자살을 하려는 사람의 마음을 일부분 확인할 수 있다.

그런 의존적인 사람에게 신립은 괴한을 물리치며 독립을 할 기회를 주었다. 그러나 의존적인 처녀는 혼자 살 수 없기에 자신을 데리고 가 달라고 한다. 신립은 아무래도 한 번만 도움을 주면 된다고 생각했을 것이고, 자신이 할 수 없는 그 이상은 거절하였다. 여기에서 문제가 발생한다. 의존적인 사람들에게 잠깐 혹은 한 번의 도움은 큰 영향을 미치지 못한다는 점이다. 그들이 의존적 성향에서 한 발 나아갈 수 있는 방향까지 함께 해 줘야 함을 의미한다. 한 번의 도움은 신립에게 되려 처녀 마음에 반감만 불러일으키게 되어 신립이 탄금대 전투에서 지도록 만들어 버린다. 결과적으로 이 이야기는 도움의 속성을 언급한다. 도움을 줄 때에는 그 사람이 필요한 도움을 명확하게 책임감 있게 주지 않으면, 되려 자신에게 더욱 큰 해가 온다는 것을.

함께 해요

1. 처녀가 혼자 있을 때 도망가지 않은 이유는 무엇일까요?

_____

_____

_____

_____

_____

2. 신립은 어떤 성격인가요?

_____

_____

_____

_____

3. 신립이 집으로 돌아왔을 때 장인은 어째서 그를 '못생긴 놈'이라고
   했을까요?

_____

_____

_____

_____

_____

4. 신립이 탄금대 전투에서 패한 이유에 대해 자신의 의견을 작성해 보세요.

_____

_____

_____

_____

_____

5. 처녀가 복수한 것에 대한 자신의 의견을 작성해 보세요.

_____

_____

_____

_____

_____

저자 김혜미

·한림대학교 생사학연구소 HK연구 교수
·한국문학치료학회 자격관리 이사
·주요 연구
「구비설화 <구복여행>을 활용한 청소년 생명지킴이 문학치료 프로그램 사례 연구-토의와 재창작을 중점으로 둔 프로그램의 설계와 실행-」(2020)
「구비설화를 활용한 청소년 대상 세대 공감 문학치료 사례 연구-청소년의 '청년성 회복'을 중심으로-」(2019)
「폭력서사의 진단 및 개선을 위한 문학치료 프로그램 연구-학교폭력을 중심으로」(2017)
·저서
「이야기, 죽음을 통하다」(박문사, 2018)
「신로맨스의 탄생」(역사의 아침, 2016)
「프로이트, 심청을 만나다」(웅진지식하우스, 2010)

2 아버지의 숲

김경희

아빠는 출장 다녀온다고 나간 뒤 집으로 다시 돌아오지 못했다. 심정지…. 주차장에서 발견됐고, 병원으로 옮겼지만 이미 늦었다. 그날 아침, '다녀올게'라는 아빠의 인사를 듣고도 바보같이 나는 방 밖으로 나가지 않았다. 그 말이 마지막이 될 줄이야. 정답게 인사라도 할걸…. 중학생 때 아빠를 보낼 거라고 누가 생각했겠는가? 아빠의 마지막 말이 귓가에 맴돈다. 그날 오후 삼촌이 급하게 집으로 와서는 우리 형제를 병원으로 데리고 갔다. 아빠가 다쳤다고 했지만, 도착한 곳은 장례식장이었다.

청천벽력, 갑자기 나무가 넘어지자 기댈 수도, 비를 피할 수도 없는 그런 처지가 되었다. 나무가 쓰러지니 나마저 무너져 내리는 느낌이었다. 아빠는 소나무였다. 우리 가족한테는 든든하고 굳건한 분이셨다. 사시사철 변하지 않는 소나무처럼 아빠도 영원할 줄 알았다. 내가 어른이 되어 성공할 때까지 영원히 함께 있을 줄 알았다. 그런 나무가 쓰러지고 바스러져 버렸다.

이미 몇 시간 전에 아빠는 병원에 도착했다고 들었다.

'그런데 왜 나한테는 바로 알려주지 않았을까?'

그 시간 동안 나는 집에서 게임을 하면서 낄낄대고 있었다. 아빠는 죽었는데, 나는 게임을 하며 놀고 있었다니 부끄럽고 죄송스럽다. 누구한테도 이 얘기는 하지 못했다. 나 자신이 한심했다. 그리고 아빠한테 미안했다.

장례식장에서 엄마 친구가 나에게 말했다.

"너는 울지 말고, 엄마를 잘 돌봐야지."

엄마 친구니까 엄마가 더 걱정되겠지만, 나도 겨우 열네 살인데…. 눈물이 흐르지만 애써 삼켜야 했다. 나는 상주가 되어 동생과 나란히 아빠의 빈소를 지키고 문상객을 맞아야 했다. 영정사진을 들고 맨 앞에 서서 화장 과정을 지켜보았다. 잿더미, 그것은 충격이었다. 아빠가 한 줌의 재로 나온다는 것이…. '어리다'는 이유로 안 볼 수도 있었지만, 맏이라는 책임감이 나를 무겁게 짓눌렀다. 억울하기도 했다.

아빠를 보낸 날, 친척들이 집에 왔다. 안방에는 할머니와 엄마가, 내 방에는 삼촌 가족이, 동생과 나는 작은 방에서 잤다. 그날 밤 나는 친구한테 전화를 걸어서 아빠에 대해 말하면서 처음으로 울었다. 외삼촌이 내 울음소리를 들었는지, 방문을 열고 잠시 우리 형제를 살피고 가셨다. 다음 날 외삼촌은 집안 어른들에게 조용히 말했다.

"정현이가 방에서 혼자 울더라."

나직했지만 또렷하게 들리는 외삼촌의 음성에는 염려 같은 것이 섞여 있었다. 내 슬픔을 알아주는 것 같아 약간의 안도감과 고마움에 가슴이 울렁거렸다.

그러나 그런 마음도 잠시 장례식장에서 수군대던 친척들의 소리가 자꾸 나를 괴롭혔다.

"정현이 애미 젊은데, 혼자 살 수 있을까?"
"아들내미만 둘이라, 집에 붙어 있을지?"
"요즘 젊은 것들, 원…."

친척들은 엄마와 우리 형제에 대해 뒷담을 하고 있었다. 갑자기 떠나버린 아빠처럼, 엄마마저 우리를 버릴까 봐 두려웠다. 엄마가 외가에서 꽤 먼 이곳에서 살았던 유일한 이유는 아빠였다. 냉랭한 친가의 분위기에도 아빠를 믿고 의지하며 타향에서 결혼생활을 이어나갔다. 이제 바람막이가 없어졌으니, 홀로 된 엄마는 우릴 버릴지도 모른다는 불안이 밀려왔다. 가슴이 답답하고 숨이 거칠어졌다. 몸을 둥글

게 말고 잠시 눈을 감았다. 한번 놀란 심장은 한참 뒤에야 진정이 되었다. 눈앞이 깜깜하고 등줄기에 식은땀이 흐른다. 천천히 눈을 뜨니 또 다른 불안감이 슬며시 고개를 든다.

'엄마도 아빠처럼 갑자기…. 아! 아닐 거야. 아닐 거야.'

마지막 인사조차 없이 떠나버린 아빠가 미웠다. 우린 아직 아빠가 있어야 하는데, 우릴 두고 가버린 아빠가 싫었다. 엄마마저 잃을 수는 없었다.

'아빠! 제발 우릴 지켜줘요.'
'엄마는 데리고 가지 말아요.'
'그 정도는 해 줄 수 있죠?'
'제가 잘 할게요.'
'제가 잘 할 테니, 엄마를 살려주세요. 네? 아빠.'

이제 나는 어린애가 아니다. 엄마가 좋아하는 것을 하고, 나보다 동생을 더 생각해야 한다. 엄마를 지키기 위해서 나는 달라져야 한다. 아빠처럼 엄마와 동생의 바람막이가 되어야 한다. 그래야 한다고 다짐하고 또 다짐해 본다. 눈물을 흘릴 여유가 없다.

아빠를 보내고 처음 학교로 돌아가는 날, 나는 죄인처럼 고개를 들 수가 없었다. 학교는 딴 세상처럼 낯설고 친구들은 어색하게 느껴졌다. 그런데 '평소처럼 대하라'는 선생님의 말씀을 들었는지, 친구들은 아버지의 죽음을 알면서도 모르는 척, 아빠에 관한 어떤 말도 하지 않았다. 안도가 되었다. 그게 오히려 편했다. 아는 척하는 게 불편하기에 없던 일처럼 침묵하는 게 배려처럼 느껴졌다. 감정이 울렁거릴 때면 교복 바지에 숨겨둔 조약돌을 만지작거렸다. 아빠 배낭에서 꺼낸 돌멩이의 매끈하고 단단한 감촉이 좋았다.

고등학교에서도 학기 초가 되면 가정환경조사 질문지를 돌린다. 그게 학교에서 가장 짜증나는 일이었다. 서류를 보면 아빠가 없다는 것을 다 알텐데, 학교에서는 군이 가정환경이라는 것을 조사한다. 아버지의 직업란은 휑 비어있다. 뒷줄 학생이 질문지를 걷고 있다. 텅 빈 아버지 칸을 보여주기는 싫다. '아빠 없는 불쌍한 놈'이라는 소리가 나올까봐 화가 났다. '괜찮냐?'는 말보다 모르는 척하는 게 차라리 속 편하다. 나를 그냥 투명인간 취급해주면 고맙다.

그러나 아빠가 떠난 후 일을 시작한 엄마를 생각해야 했다. 가정환경조사가 끝나면 나는 교무실로 담임을 만나러 갔다. 어느새 손은 바지 호주머니로 들어간다. 조약돌을 한동안 움켰다가 놓았다.

"선생님, 저 무료 급식요."
"그리고 혹시 장학금 있으면…"

아빠가 돌아가시고 형편이 어려워져서, 학기 초에 무료 급식을 신청하고 급식도우미라도 자청해야 했다. 장학금이 있는지 알아보고, 우선 달라고 했다. 처음에는 얼굴이 화끈거려서 망설였지만, 이제는 익숙해졌다. 화가 치밀어 오를 때면, '쪽팔림은 잠시야'라는 말로 나를 진정시켰다.

"아빠 없으니까, 더 열심히 해"

담임의 이런 말에는 오히려 반감이 생겼다. 가정사에 대해서 무관심한 척, 말하지 않는 것이 편했다. 그러나 엄마를 도울 수 있는 일이라면 자존심은 접어야 했다. 동생은 영수학원을 보내달라고 엄마를 졸랐지만, 나는 학원 같은 거 안 간 지 오래다. 다른 애들은 그 연도에 나온 인강(인터넷 강의)을 들었다. 다른 애들이 30~40만 원 하는 거 볼 때, 나는 어둠의 사이트에서 4~5년 된 인강을 몇 원에 내려받았다. 돈이 없으니까…. 내가 알아서 돈을 안 써야 했으니까. 운동화, 핸드폰 이런 것에 신경 쓸 여유가 없었다.

고등학교 3학년, 어느 날인가 학교에서 야자를 하는데 "삐용 삐용" 구급차 소리가 들렸다. 우리집에 뭔 일이 있을 것 같아서 불안했다. 학교 앞에 길이 딱 하나 있는데 왼쪽으로 가면 소방서, 오른쪽으로 가면 우리집이다. 엄마한테 먼저 전화하는 그런 성격은 아닌데, 엄마가 너무 걱정되었다. 서둘러 핸드폰을 꺼냈다.

"뚜르륵, 뚜르륵, 뚜르륵…."

신호가 세 번 가는 동안 엄마는 반응이 없었다.

조바심이 났다. 주차장에서 병원으로 옮겨졌던 아빠가 자꾸 떠올랐다.

이번에는 동생에게 신호를 보냈다.

"뚜르륵, 뚜르륵, 뚜르륵. 아~~ 왜?"

"집이야?"

"아니"

"어딘데?"

"왜~~에?"

"엄마 어딨어?"

"식당에 있겠지. 뭐. 삐. 삐. 삐…."

어느새 한 손은 조약돌을 불끈 쥐고 있었다.

다시 엄마에게 전화를 돌렸다.

"뚜르륵, 뚜르륵, 뚜르륵…. 어, 정현아, 왜?"

"…………"

"정현아, 왜?"

"그냥…. 끊어."

'정현아'라는 엄마의 목소리만 들어도 됐다. 더 길어지면 울음이 나올지도 몰랐다. 엄마마저 잃을 수는 없었다. 아빠 대신 엄마를 지키겠다고 다짐했다. '괜찮냐?'는 말 대신 '그냥. 끊어'라고 퉁명스럽게 말했다.

'그래도 살아 있어서 다행이다.'

'살아 있어서 고맙다.'
'아빠가 우리 가족을 지켜주고 있겠지.'

내 손에서 나를 지켜주는 조약돌이 고마웠다. 의지가 되었다.

아빠가 떠난 후 나는 차분하게 변했다. 주변 분들은 날 보고 '어른스럽다'고 했다. 나는 이 말을 칭찬으로 여기지 않는다. 슬퍼도 눈물을 흘리지 말라는 말처럼 감정을 강요하는 말로 들렸다. 그 후로 나는 속상한 일이나 우울한 일이 있어도 티 내지 않고 혼자 감당하며 살아왔다. 작지만 단단한 차돌처럼 내 마음도 단단해져 갔다.

울음을 삼키고 슬픔을 억누르며 공부에 매달린 결과, 이제 나는 대학에 입학할 수 있었다. 대학에서 첫 중간고사를 치르고 아빠와 함께 갔던 캠프장으로 향했다. 햇살이 뜨거워지고 녹음이 깊어지기 시작하면 괜스레 숲이 그리워진다. 아빠가 그리워진다. 계곡에 텐트를 치고 물놀이도 하고 불을 피웠던 시절, 아빠는 캠핑 도구를 하나둘 모으는 재미에 빠져 있었다. 아빠가 떠난 지난 몇 년 동안 텐트와 캠핑 도구들은 창고 한구석에 처박혀 있었다. 인생의 첫 관문을 통과하고 나니, 아빠가 보고 싶다. 아빠는 그 힘든 공부를 어떻게 해냈을까? 아빠가 계셨다면 대학 생활에 대한 조언을 얻을 수 있을 텐데, 아빠의 조언이 절실한 때이다. 아빠가 돌아가신 후 자의 반 타의 반 진로를 바꿨다. 그 전에는 평범하게 회사원으로 살고 싶었다. 그런데 아빠가 떠난 후에 아빠의 말씀이 자꾸 떠올랐다.

"회사원은 꿈이 작지 않냐?"
'그런가……. 회사원은 꿈이 너무 작은가?'

아빠 입장에서 내 진로를 생각해 봤다. 아빠는 명문대학에서 수의학을 전공했다. 아빠의 말씀은 결국 좀 더 나은 진로를 선택했으면 하는 바람이었다. 그래서 나는 어렸을 적 생각했던 회사원을 잠시 접어두고, 아빠의 발자취를 따르기로 했다. 어쩌면 그 길 위에 아빠를 만날 수도 있다는 생각을 했다. 큰아들에 대한 엄마의 기대도 한몫을 했으며, 아빠 동료들의 격려 속에 아빠와 같은 대학, 같은 학과에 진학했다. '우리 아들 잘했다. 자랑스럽다'라는 아빠의 칭찬이 사무치게 그립다. 원래 있었던 사람이 없어지니 마음 한 조각이 빠진 것 마냥 허전하다.

'아버지의 숲'은 아빠가 떠나기 전 마지막으로 왔던 캠프장이다. 이제는 호주머니에서 조약돌을 꺼내 손가락과 손바닥으로 만지작, 만지작거리며 걷고 있다. 관리소를 지나 잣나무 숲을 가로지르면 '별의 계곡'이다. '5번 데크' 그 앞을 흐르는 개울과 잣나무는 여전한데, 아빠는 여기에 없다. 텐트를 꺼내니, 매캐한 냄새가 훅 끼쳐온다. 가슴이 뭉클하다.

지금도 아빠의 죽음에 대해 말하기가 쉽지 않다. 재미있는 이야기도 아니고, 굳이 꺼내지 않아도 되는 이야기이지만 중요한 관계에서는 어느 정도 벽을 느낄 때가 있다. 아빠의 죽음은 내가 지닌 큰 비밀이기 때문이다. 아무 일도 아닌 척 웃고 떠들 수는 있지만, 결국 내 마음속에서는 여전히 죽음이 의식된다.

아빠가 떠난 후 넋을 잃은 엄마를 지키기 위해 큰 울음을 내 본 적이 없다. 울지 못한 울음은 이명이 되고 편두통이 되어 나를 괴롭혔다. 엄마마저 우리 형제를 버리고 떠날까봐 자다가도 벌떡 잠을 깬 적이 한두 번이 아니다. 살며시 안방 문을 열어 엄마가 살아 있는지 살피기도 했다. 엄마는 한순간에 의지할 사람이 없어졌지만, 나는 엄마라도 남아 있으니, 내가 엄마를 지켜내야 했다.

'나는 장남이니까, 집안의 울타리가 되어야 한다.'

내가 할 수 있는 일은 엄마를 조금이라도 기쁘게 해드리는 일뿐이었다. 아빠가 다니던 회사에서는 매 학기 장학금을 보내주었다. 올해도 회장님이 직접 대학 4년 장학금 증서를 주셨다. 그분들은 나를 통해 아빠를 기억했고, 그래서 나는 그분들이 고맙다. 아빠는 떠났지만, 우리의 기억 속에 살아 계시다는 증표이다. 어디에선가 들은, '부재가 존재의 증명'이라는 말이 절절하다.

'나도 아빠처럼 좋은 사람이 되고 싶다.'

의자를 꺼내서 앉아본다. 손안에 들고 있던 하얀 빛이 도는 반질반질한 조약돌을 내려다본다. 이 돌이 나를 버티게 해준 것 같다. 때로는 내 바지 호주머니에 때로는 행운목이 자라는 유리병에 있었다. 언젠가 아빠가 계곡에서 주운 것일 텐데, 이 돌은 오랜 시간 행운목에 영양분을 공급해주고 있었다. 유리병에 담겨 나무 기둥이 없던 행운목을 무럭무럭 잘 자라게 도와주고 있었다.

지난 3월 행운목이 죽을 뻔했다. 화분 근처에서 냄새가 나서 보니 나무뿌리가 썩고 있었다. 뿌리를 하나하나 씻어서 염증 같은 것을 제거하고, 뿌리를 지탱하는 돌들을 하나하나 씻어서 정리했더니, 행운목이 확 자라났다. 올봄에 우리 집에 좋은 일이 생길 것 같은 기대감이 든다. 엄마도 동생도 모르는 일이지만, 나는 힘들 때나 어려울 때면 항상 행운목을 키우는 조약돌을 본다. 그리고 조약돌을 지니고 다닌다. 아빠가 남긴 조약돌의 영양분으로 자라는 행운목에서 위로를 받았다.

이제 서서히 어둠이 내린다. 화로를 꺼내어 장작을 쌓고 불쏘시개에 불을 붙인다. 아빠는 캠프장에서 불 피우는 것을 즐겼다. 불꽃의 빛깔은 나무의 종류나 나무에 남은 물기에 따라 매번 달랐다. 매운 연기로 눈물이 나기도 했지만, 불장난은 역시 재미났다. 장작을 달집처럼 쌓고는 나도 아빠처럼 후후 불을 붙였다. 장작 모서리로 천천히 불이 옮겨붙었다. 아빠는 '불멍을 때린다'라고 했다. 불을 가만히 보고 있으면 약간의 흥분과 약간의 차분함을 느낄 수 있다. 어느새 화로에는 불꽃이 활활 타오르고, 밤은 깊어 별들이 총총하다. 그래서 별의 계곡인가 보다. 오늘 밤에는 아빠가 내 곁에 왔으면 좋겠다. 생일쯤이면 꿈에 찾아와서 '잘 살고 오라'는 아빠의 말씀은 삶의 선물이 되었다. 텐트에 누우니, 계곡 물소리만 간간이 들린다. 아빠가 떠난 지, 벌써 6년 그동안 나는 숨차게 살아왔다. 입시라는 인생의 한 고비를 넘었으니, 이제는 아빠를 놓아줘야겠다. 지금까지는 아빠한테 부끄럽지 않은 아들이 되기 위해 애썼다면, 이제는 나 자신에게 부끄럽지 않은 삶을 살아야 한다. 아빠가 소나무였다면, 나는 아직 묘목이다. 아빠를 붙들고 땅속에 뿌리를 내렸으니, 이제 줄기와 잎을 무성하게 키워야겠다. 비바람에 이리저리 흔들리는 삶이었지만, 뿌리는 뽑히지 않았다. 가지는 유약하지만, 뿌리만큼은 단단하게 땅을 파고들었다.

'그래! 이제 아빠를 놓아 드리자.'
'아빠의 조약돌을 제자리로 돌려놓자.'
'이건 아빠를 잊는 게 아니야. 아빠를 기억하려는 거야.'
'조약돌을 기억하는 행운목처럼 나도 이젠 스스로 살아내야지.'

조약돌을 들고 어둠이 내려앉은 계곡으로 천천히 걸어 들어갔다. 사위가 고요해지면서 물소리는 더욱 명랑해진다. 바위에 가만히 앉아 있으니, 물결이 이리저리 출렁거리면서도 제 갈 길을 재촉하는 모습이 선명하다. 잠시 숨을 고르느라 머물러 있기도 하지만 결국은 순리에 따라서 흐르고 또 흐르고 있었다.

'그래 삶도 죽음도 이치에 따라야 하겠지,'

'흐르는 강물처럼, 아빠도 아빠의 길로 흘러가야겠지.'

호주머니에서 조약돌을 꺼내서 살짝 문질러본다. 늦었지만 이제라
도 나는 아빠의 조약돌을 제자리로 돌려놓으려고 한다. 아빠를 잊으
려고 하는 것이 아니다. 조약돌이 없어도 싱싱하게 살아갈 행운목처
럼, 이제 나도 나 자신에게 의지하여 살아보려고 한다. 이제 나도 나
자신에 의지하여 살아보려고 한다. 또다시 삶은 계속될 것이다. 내
손에 있던 조약돌을 다른 돌멩이 사이에 살며시 내려놓았다. 조약돌
을 자기의 자리로 돌려놓았다.

'이제, 안녕!'

'아빠, 편히 쉬세요.'

아빠를 붙들고 살아왔던 시간을 뒤로하고, 새롭게 밝아오는 날을 맞이하고자 한다.

'아버지의 숲'에서 오늘 나는 아버지를 추억하고 아버지를 떠나보냈다. 떠난 아버지를 이어 내 삶을 살아 나갈 것이다.

　　<아버지의 숲>은 청소년기에 아버지의 죽음을 경험한 청년의 독백을 담고 있다. 정현은 남은 가족을 지키기 위해 책임감으로 살았던 시간을 돌아보면서, 아버지를 애도하고 있다. 남편을 잃은 엄마의 슬픔을 보면서 마음껏 울 수도 없었지만, 맏이의 삶을 받아들이고 이끌어왔다. 아버지 지인들의 지지를 통해 아버지가 좋은 삶을 살았다는 것을 알게 되고, 아버지를 닮기 위해 노력한다. 아버지를 잊어버리기보다는 아버지를 기억하고 아버지의 뜻을 새기는 과정에서 '지속적 유대감'이 형성되었고 이는 아버지와 사별한 청소년에게 삶의 자원이자 동력이 되었다. '숲'은 뿌리를 통해 서로 연결되는 세대의 전승(영화, 아바타)처럼 느껴지는데, 아버지는 굳건한 소나무의 이미지로, 청년은 어린 묘목으로 그려진다. 이에 청년은 아버지의 세계를 굳건히 세운 만큼, 이제는 자신의 세계를 건설하려는 의지를 드러낸다. 행운목을 키웠던 조약돌을 통해 아빠의 존재를 애도하고, 이제는 아빠를 보내고 자신의 삶을 살아가려는 의지를 다진다.

　　옛말에 아버지 잃은 슬픔을 천붕지통天崩之痛, 즉 하늘이 무너지는 아픔

이라고 표현했다. 아버지는 세상의 전부이기에 아버지의 죽음은 내가 무너져 내리는 아픔이라고 할 수 있다. 특히 가치관이 정립되지 않은 청소년기에 경험하는 아버지 죽음은 삶의 중요한 자원의 상실을 의미한다. 또 유교적인 가부장적 전통이 현존하는 우리 사회에서 '애비 없는 자식'은 취약성이 되어, 사회적 낙인이 되기 쉽다. 그러나 아버지의 부재 속에서도 아버지의 유훈을 받들어 훌륭한 삶을 이끌어간 인물들이 많다. 상실은 결여이지만 그것을 수용하고 회복하는 과정에서 개인적 성장과 고통의 공감력이 향상되기도 한다. 갑작스럽게 쓰러지고 바스러진 큰나무의 그루터기는 폐허로 변했지만, 그 안에서도 작은 싹이 흙을 뚫고 올라와 줄기를 굳건히 세울 수 있다. 땅속 깊은 곳에서 양분을 끌어당기는 나무처럼 어린 싹은 아버지의 유산에 뿌리를 대고 자신의 생명을 키워나간다.

이 글에서는 아버지와 사별했지만, 굳건히 살아가는 청년의 이야기를 통해 청소년기에 아버지의 죽음을 경험한 사람들의 아픔을 이해하고 이들을 지지할 수 있는 방법을 모색하고자 한다.

함께 해요

1. 가장 인상 깊은 장면을 그림으로 그려보세요.

2. 아버지와 사별 후 '너는 울지 마라' 그리고 '어른스럽다'라는 어른들의
   말은 정현에게 어떤 영향을 미쳤을까요?

_____

_____

_____

_____

_____

3. 아버지의 죽음을 경험한 후, 정현이는 어떤 어려움을 겪었나요?

_____

_____

_____

_____

_____

4. 정현에게 조약돌과 행운목은 무엇을 상징할까요?

_____

_____

_____

_____

_____

5. 소나무와 어린 묘목 또는 숲과 나무는 무엇을 의미할까요?

_____

_____

_____

_____

_____

6. 정현이가 '아버지의 숲'에서 깨달은 바는 무엇일까요?

_____

_____

_____

_____

_____

저자 김경희

·한림대학교 생명교육융합 협동과정 생사학 박사
·글수레 청소년문화원 대표
·주요 연구
「청소년기에 경험한 아버지의 죽음이 성장과정과 성인기 삶에 미치는
영향-van-Manen의 체험연구방법을 중심으로」(2021)
「청소년기에 아버지의 자살 사고로 상실을 경험한 중년남성의 삶에 대한 내러티
브 탐구」(2021)
「청소년기에 아버지가 살해당한 성인여성의 삶에 대한 내러티브 탐구」(2020)
·저서
「사람은 살던대로 죽는다」(쏠트앤씨드, 2018)

이 야 기
우 리 가
살아가는 힘

3 래퍼 청수

청수는 대동고등학교 3학년이다. 청수 어머니는 청수를 등교 시키고 집안으로 들어오다가 갑자기 배를 움켜지면서 현관문 앞에 쓰러졌다. 그때 마침 청수 친구 영환의 어머니가 청수 어머니를 발견하고 청수 아버지에게 전화를 했다.

"청수 아빠, 청수 엄마가 갑자기 쓰러져서 병원에 입원했습니다."

청수 아버지는 영환의 어머니 전화를 받고 00병원 응급실을 찾았다.

"당신, 걱정하지 마세요. 갑자기 배가 뒤집어지는 것 같으면서 통증이, 그리고 머리까지 빙빙 돌면서 깨질 듯 아팠어요. 그러다가 쓰러지면서 머리를 현관문에 부딪치는 바람에 잠시 혼절을 해서 여기에 오게 됐어요. 지금은 약을 먹어서 그런지 거짓말처럼 아무렇지 않아요."

회사에서 조퇴를 하고 병원에 온 청수 아버지를 보고 청수 어머니는 말했다. 청수 아버지도 아내의 이야기를 들으면서 아내의 손을 잡았다.

"의사 선생님한테 들었어요. 의사 선생님도 당신 말처럼 별일 아니라고 하셨어요. 머리는 가볍게 타박상을 입어서 치료만 잘 받으면 별일 없데요. 그래도 갑자기 복통이 온 이유는 살펴봐야 한데요. 그래서 여러 가지 검사를 했다면서요. 의사 선생님 말씀이 검사 결과에 따라서 또 추가 검사를 할 수도 있으니까 오늘은 입원을 하자고 하셨어요."

청수 어머니는 남편의 말을 들으며 활짝 웃었다.

"퇴원 안 된데요? 의사 선생님이 이런 저런 검사를 하면서 입원을 할 수도 있으니까 그렇게 알라고 하셔서 은근히 걱정을 했거든. 그래도 당신한테 괜찮다고 말을 들으니까 안심이 되네요."

청수 아버지도 웃으며 말했다.

"수고했어요. 그러니까 걱정하지 말고 의사 선생님 말씀 잘 들어요. 내 생각에는 당신이 청수 때문에 스트레스 받아서 위가 쓰린 것 같으니까 너무 신경 쓰지 말아요. 그리고 그 또래 남자 아이들은 다 그래요.

나도 청수 나이 때 엄마 속 엄청 썩였어요. 우리 청수, 너무 걱정하지 말아요. 지금 부모 입장에서 보면 부족해 보일지 몰라도 크면 분명히 자기 몫 제대로 할 아이라고 믿어요."

"당신 말이 맞아요. 제가 마음이 앞서다 보니 청수를 쉽게 포기 못하는 것 같아요. 저도 욕심을 버리고 청수를 위해 더 많이 기도할게요."

"그래, 맞아요. 우리가 청수를 믿어주지 않으면 누가 믿어주겠어요."

청수 아버지는 고개를 끄덕이며 아내의 말에 눈물을 글썽인다.

"당신 지금껏 청수 엄마로써 열심히 잘해 왔어요. 그러니까 이제부터 청수 걱정 그만하고 당신 건강 먼저 챙겨요. 그리고 청수가 대학에 가면 당신이나 나나 슬슬 청수를 독립시킬 준비를 해야 해요. 그러려면 건강이 우선이니까 더 이상 아프지 말고, 우리 건강하게 살아요."

청수 아버지는 병원에서 간병인을 추천했기 때문에 아내와 저녁을 먹고 집으로 돌아왔다. 청수는 10시가 넘어 학원에서 집으로 돌아왔다. 그리고 아버지한테 아침에 어머니가 쓰러져 병원에 입원을 했다는 사실을 뒤늦게 들었다.

"아빠는 엄마가 병원에 입원을 하셨는데 어떻게 저한테 연락도 안 하신 거예요?"

뒤늦게 어머니의 입원 사실을 알고 청수는 눈물을 흘리며 소리를 질렀다.

"청수야, 미안하다. 엄마, 아빠도 속상해하는 네 마음 잘 알아. 그런데 엄마가 너 다음 주에 기말고사 봐야 한다고 연락하지 말라고 하셨어."

청수는 아버지의 말을 들으면서 메고 있던 가방을 벗어 던졌다.

"맙소사. 아무리 그래도 그렇지 세상에 공부가 뭐라고……. 저한테는 공부보다 엄마가 더 중요하다고요. 제가 아무리 못나도 그렇지, 엄마 아빠는 제가 그렇게 창피하세요? 그런 것이 아니라면 어떻게. 저 지금 엄마한테 가서 따질 거예요."

"청수야, 의사 선생님이 검사 결과를 봐야 하겠지만 현재로서는 별 문제가 없어 보인다고 하셨어. 그래서 네가 괜히 걱정할까봐 연락 안 한 거야. 그리고 가더라도 내일 가. 지금은 면회시간 지나서 병원에 가도 엄마 못 만나."

청수는 자기 방문을 소리 나게 닫으며 며칠 전에 어머니와 다툼이 있었던 노래방 사건을 머릿속에 떠올린다.

청수는 수요일에 학교 수업이 끝나고 어머니에게 전화를 걸었다.

"엄마, 지금 수업 끝났어요. 그런데 오늘 학원 안가면 안 될까요?"

"왜, 갑자기 학원을 안 가? 너, 어디 아픈 거야?"

"안 아파요. 그냥, 며칠 후에 노래 공연이……."

"노래 공연? 안 돼. 너 지금 제정신이니? 내일 모레가 기말고사인데 무슨 소리야. 아무 말 하지 말고 빨리 집으로 와."

청수 어머니는 아들과 통화를 하며 베란다로 나갔다. 그녀 집 베란다에서는 대동고등학교 정문이 보인다. 그녀는 베란다에 서서 아들이 문으로 나오기를 기다리고 있다.

"청수야, 엄마가 베란다에 있는데 네가 안 보여?"

청수는 긴 한숨을 내쉬었다.

"금방 간다고 했잖아요. 사물함 정리하다보니 늦었어요. 엄마, 지금 나 감시하고 있는 거예요? 전화 끊을 거예요."

"아냐, 감시는 무슨 감시? 청수야, 전화 끊지 마. 엄마가 너 먹으라고 네가 좋아하는 햄버거 만들었어. 그래서……."

"알았어요, 금방 갈게요."

학교 교문을 나서며 청수는 어머니와 눈이 마주치자 스마트폰을 내렸다. 청수의 옆에 있던 친구들도 그의 어머니를 보고 습관적으로 인사를 했다. 청수 어머니도 일정한 상대를 정하지 않고 허공에 손을 흔들며 답했다.

청수가 집 쪽으로 오는 것을 확인하고 청수 어머니는 서둘러 거실로 돌아왔다.

2~3분 후면 청수는 현관문을 열고 들어올 것이다. 청수 어머니는 햄버거를 전자렌지에 돌리면서 현관문을 미리 열어놓았다. 햄버거가 차갑게 식어 들어가는데도 청수는 나타나지 않았다. 그녀는 더 이상

그를 기다리지 않고 집 밖으로 나와 버스 정거장을 두리번거렸다. 그곳에도 그는 보이지 않았다. 그녀는 집으로 돌아오면서 스마트폰 통화 버튼을 누르려다가 메시지를 써 내려갔다. '청수야, 어디야? 집에 안 와?', '학원 수업에 늦을 까봐 직접 갔어? 뭘 좀 먹어야 하는데. 엄마가 차로 데려다주면 되는데.', '학원 수업 시작했니? 왜 연락이 없어?', '쉬는 시간에 연락해.', '청수야, 엄마 문자 확인했으면 문자 줘. 엄마가 걱정하고 있잖아.', 그녀는 계속 그에게 문자를 보냈다.

그때 청수 학원 선생이 전화를 했다.

"청수 어머님이시죠? 청수가 학원에 오지 않아서 연락드리는 겁니다."

"그렇지 않아도 청수가 눈앞에서 감쪽같이 사라져서 저도 걱정이 되는데 연락이 없어요. 그래서 선생님한테 전화를 드리려던 참이었습니다."

"선생님, 죄송합니다. 네, 잘 알겠습니다. 늦더라도 청수를 찾아서 학원에 보내겠습니다. 기다려 주세요."

청수 어머니는 차를 타고 동네를 돌기 시작했다. 제일 먼저 육교 옆 노래방을 시작으로 네다섯 군데를 돌았는데도 청수는 보이지 않았다. 그녀는 마지막으로 새로 생긴 루이마트 4층에 해오름 노래방 앞에

차를 멈췄다.

청수 어머니는 계단을 뛰어 올라갔다. 그곳에서 청수를 만났다. 그녀는 가기 싫다는 아들을 억지로 학원에 데려다주고 집으로 돌아왔다. 그리고 아들이 집에 돌아올 때까지 현관문 앞을 서성거렸다.

"다녀왔습니다."

청수는 어머니와 눈도 마주치지 않고 자기 방으로 들어가려고 했다.

"청수 너……. 그래 이야기는 나중에 하고 늦었지만 뭐라도 먹어야지."

"됐어요, 선생님이 자장면 사주셨어요."

청수는 뒤도 돌아보지 않고 자기 방으로 들어갔다. 청수 어머니는 거실 소파에 앉아서 새벽 1시가 넘도록 아들 방에서 흘러나오는 불빛을 바라보았다. 그리고 자리에서 일어나 청수의 방문을 두드린다.

"엄마하고 이야기 좀 할까?"

"할 말 없어요."

청수는 책상에 앉아 있다가 방으로 들어오는 어머니를 보면서 침대에 누우며 이불을 뒤집어썼다.

　　"엄마하고 할 말 없다니까요."

　　"쉿, 조용히 해. 아빠 주무셔."

　　"진짜 피곤해요. 할 말 없으니까 불 끄고 나가주세요."

　　"청수야, 학생인 너한테는 공부가 우선이야."

　　"싫어요. 엄마는 제가 뭘 좋아하고 뭘 하고 싶어 하는지 궁금해 하지도 않으시잖아요. 그러면서 무조건 공부만 하라고 하시잖아요. 이젠 저도 지쳤어요."

　　"청수야, 엄마가 너 노래 좋아하는 것 왜 모르겠어. 하지만, 너는 지금 고등학생이야. 학생에게 공부는 의무라고 생각해야 해. 네가 일단 대학교에 들어가면 엄마가 왜 공부 공부했는지 알게 될 거야. 대학에 들어가면 네가 놀랄 정도로 시야가 넓어져. 그래서 자신을 객관적으로 바라볼 수 있는 기회가 주어지게 된다. 그때도 네가 노래를 하겠다면 엄마도 인정해 줄게."

　　"됐어요. 알았으니까 제발 나가 주세요, 아무 말도 듣고 싶지 않아요. 다 필요 없어요, 필요 없다니까요."

　　청수는 지난주 수요일에 어머니와 주고받았던 이야기를 떠올리며 밤을 지새웠다.

청수는 다음 날 학교 수업을 마치고 어머니가 입원한 병원을 찾았다. 청수의 어머니는 아들의 손을 잡고 말했다.

"청수야, 엄마는 괜찮아. 오늘 아침에 CT 촬영하고 MRI 검사를 했어. 결과가 나오면 오늘 늦게라도 퇴원할 것 같아. 그런데 검사 결과에 따라서 다른 검사를 추가할 수도 있데. 그래서 내일 퇴원할 수도 있데. 그런데 지금까지 별다른 말이 없는 것 보니까 걱정하지 않아도 될 것 같아. 그러니까 너는 엄마 걱정하지 말고 빨리 학원 가."

"오늘만이라도 엄마 하고 있으면 안 돼요?"

청수 어머니는 청수를 끌어안으며 머리를 쓰다듬어 주었다.

"청수야, 네 마음 엄마가 모르는 것 아니야. 하지만 공부해야지."

"엄마, 전에도 말씀드렸잖아요. 저는 공부하고 안 맞는 것 같아요. 그리고 지난 학기에 엄마가 담임 선생님하고 면담하고 오셔서 아빠한테 말씀하시는 것 우연히 거실에서 들었어요. 담임 선생님이 제가 학교 성적이 모자라서 대학가기 힘들 것 같다고 하셨다면서요! 그 말을 전하시는 엄마의 표정, 그 말을 전해 듣고 절망하시던 아빠의 모습, 저는 지금도 생생히 기억하고 있어요. 그때 저도 저를 포기했어요."

"무슨 소리야. 담임 선생님 말씀은 그 당시 네 성적이 그렇다는 것이었어. 그때와 지금의 너는 다르지. 얼마 전에 담임 선생님이 네 성적이 좋아졌다며 그동안 네가 열심히 공부한 것 같다고 칭찬하셨어."

청수 어머니는 청수의 말에 눈을 흘겼다.

"너 혹시 유치원 때 하던 청개구리 역할 놀이 아직도 하고 있는 것 아니지?"

"아뇨, 그런 말씀을 하시는 것 보니까 청개구리 엄마처럼 엄마야 말로 아직까지 저를 믿지 못하시는 것 같은데 아닌가요?"

"청수야, 전에도 말하고 지금도 말하지만 엄마 아빠는 너를 믿어. 그리고 동화 속 청개구리 이야기는 슬프게 끝났지만, 비가 와서 엄마산소가 떠내려갔다고 마냥 청개구리가 울고만 있지 않았을 것 같아. 책에는 뒷이야기가 나와 있지 않지만 엄마는 분명히 청개구리가 다른 조치를 취했을 거라고 생각해."

청수는 어머니 말에 고개를 저었다.

"아뇨, 저는 청개구리가 아니라 그런 생각은 안 해봤어요. 그리고 제가 저한테 제일 화가 나는 이유가 뭔지 아세요? 저는 제가 뭘 잘하고 못하는지, 뭘 하고 싶은지 모른다는 것이 제일 짜증이 나고 자존심 상해요."

"청수야, 왜 그런 생각을 해. 엄마 아빠는 너를 믿어. 그리고 담임 선생님도 네 성적이 올라가고 있으니까 네가 조금만 더 신경 쓰면 탄력을 받아서 더 잘할 수 있을 것 같다고 하셨어. 그리고 너 대학 들어가서도 노래하고 싶으면 하라니까.”

“그나마 제가 노래를 좋아해서 부르지만 사실 그것도 잘 모르겠어요. 노래 좋아하는 엄마가 제가 노래 부르는 것을 반대하는 이유가 그것 아니겠어요. 저를 계속 이렇게 아무것도 못하는 바보로 만든 사람이 누군지 아세요? 바로 엄마에요.”

“아니야, 청수야 엄마는 정말 너를 믿고 있어. 엄마는 죽을 때까지, 아니 죽어서도 너를 위해 기도할 거야. 너는 너 자신을 믿기만 하면 돼. 그리고 네가 왜 잘하는 것이 없어. 너 초등학교 때 생각 안나니? 3학년 때 학교 장기자랑에서 노래를 불러 우승했잖아.”

“당연히 기억하고 있지요. 그런데 그때 음악 선생님이 저한테 합창단에 들어오라고 했는데 엄마가 반대하셨잖아요. 엄마는 음악 선생님한테 내가 운이 좋았을 뿐이라고 하셨어요. 그리고 저한테는 세상은 운만 믿고 살 수 있는 곳이 아니라며 공부나 열심히 하라고 하셨죠.”

“너, 그럼 그 말 때문에 그 뒤로 엄마 앞에서 한 번도 노래를 부르지 않은 거였어?”

“네. 저는 그때 엄마 말씀처럼 어쩌다 운이 좋았을 뿐이었으니까요.”

“그때 엄마 생각에는 네가 너무 기뻐하니까 자만할까봐 했던 말이었어. 엄마의 말을 그렇게 받아들였다면 사과할게.”

“됐어요. 이제는 노래도 포기할 거예요.”

청수는 어머니의 손길을 뿌리치며 병원을 나갔다. 그리고 청수 어머니는 학원 선생한테 청수가 학원에 오지 않았다는 전화를 받았다. 청수는 길거리를 무작정 헤매고 다니다가 늦게 집으로 돌아왔다. 그리고 청수는 집에 들어오자마자 아버지에게 뺨을 맞았다.

"아빠도 엄마도 다 필요 없어요."

청수는 소리를 지르며 집밖으로 달려 나가려다가 아버지의 말에 제자리에 섰다.

"청수야, 엄마가 급성 췌장암이래. 아빠하고 병원에 가자. 면회를 하지 못하더라도 밖에서는 볼 수 있으니까."

청수와 청수 아버지, 두 사람은 차를 타고 병원으로 가는 내내 아무 말을 하지 않았다. 병원에 도착했을 때 청수의 어머니는 응급실에서 산소마스크를 쓰고 있었다. 청수는 응급실에 누워 있는 어머니를 말 없이 바라보았다.

"의사 선생님이 엄마의 상태가 워낙 안 좋아서 이번 주를 넘기기 힘들다고 하신다. 병원에서는 더 이상 치료할 방법이 없다고……. 의사 선생님 말씀에 엄마가 집에 가고 싶다고 해서 퇴원 준비를 하려고 했는데……."

청수는 아버지의 말에 병실을 뛰쳐나갔다. 그런 아들을 보면서 청수 아버지는 더 이상 청수를 붙잡지 않았다. 청수는 노래방으로 달려갔다.

청수는 장례식장에서 어머니의 영정사진을 보며 자신의 머리를 쥐어뜯었다.

"엄마는 저 때문에 돌아가셨어요. 제가 죽일 놈이에요."
"청수야, 자책하지 마. 이런 일이 있을 줄 알았는지 엄마가 퇴원 준비를 하면서 네게 편지를 썼어. 그리고 직접 주라고 했더니 쑥스럽다며 나한테 전해달라고 하셨어."

청수는 아버지에게 그의 어머니가 쓴 편지를 건네받았다. 그리고 편지를 읽으면서 통곡을 했다. 그런 그를 그의 아버지는 끌어안으며 함께 눈물을 삼켰다.

"청수야, 우리 그만 울자. 엄마는 하늘나라에서도 너를 위해 기도하실 거라고 믿어."

청수는 장례식장을 지키면서도 학교에서 기말고사를 봤다. 그리고 수능을 보기 전까지 하루도 빠지지 않고 학원에 다녔다. 그 결과 청수는 H대학에 입학을 했다.

청수는 독립하고 싶다며 집에서 다녀도 되는데 대학 기숙사를 신청했다. 그리고 기숙사에 입주하는 날이 되었다. 청수의 아버지는 학교 기숙사까지 그를 데려다주었다.

"청수야, 지금의 너를 보면 엄마가 얼마나 대견해 하실지 생각해 봤니. 아빠도 네가 자랑스럽고 또 고맙다. 이제 시작이야. 아빠와 엄마가 너를 믿는 것 알지, 그리고 사랑한다."

청수는 아버지와 헤어져 기숙사 방에서 짐을 풀었다. 그리고 자리를 잡고 책상에 앉았다. 그리고 액자에 넣은 어머니의 편지를 꺼냈다. 그리고 천천히 읽어내려 갔다.

사랑하는 아들 청수에게.

청수야, 엄마의 아들로 태어나 줘서 정말 고마워. 엄마와 아빠한테 너는 하늘이 준 최고의 선물이야. 너를 품에 안았을 때 세상을 전부 얻은 것처럼 행복했다. 너는 또래아이들 보다 뭐든지 빨랐어. 그리고 공부면 공부, 노래면 노래, 운동이면 운동, 무엇이든지 못하는 것이 없는 아이였어. 그래서 엄마가 욕심을 부렸어. 그것이 독이 되어 너를 힘들게 한 것 같구나. 그것 때문에 네가 부담스러워 한다는 것을 알면 서도 공부를 포기하고 노래를 선택한 너를 포기할 수가 없더라. 그래 서 너한테 엄마의 마음을 몰라준다며 너를 이해하기 보다는 화만 냈 어. 그런 일들이 되풀이 되면서 너는 너대로, 엄마는 엄마대로 서로에 대한 불신과 원망만이 쌓여갔던 것 같다. 그러면서 모든 것이 너를 위한 것이라며 엄마는 스스로에게 최면을 걸었다.

청수야, 엄마는 이번에 병원에 입원하면서 너나 엄마나 겉은 멀쩡 해 보였는데 이미 마음뿐만 아니라 몸에도 깊은 병에 걸려있다는 사 실을 알게 되었어. 그리고 청수 네가 엄마한테 얼마나 자랑스러운 아들이었는데 그동안 네가 좋아하는 것을 무시하고 내 생각만 강요하 면서 너를 힘들게 했는지 정말 미안하다. 청수야, 다시 말하는데 이런 부족한 엄마 밑에서 건강하게 자라주어서 정말 고맙다. 사랑한다. 지 금까지의 엄마를 용서해 줄 거지. 그리고 네가 원하지 않는다면 대학 에 가지 않아도 돼. 어쩜 대학에 가지 않으면 더 일찍 세상과 만나 대학에 입학하는 것 보다 더 넓은 시선을 가질 수도 있을 거라는 것을 엄마야 말로 왜 몰랐을까 후회가 된다.

청수야, 네 말이 맞아. 꼭 대학에 가야 시야가 넓어지는 것이 아닌 데, 세상에 공부가 전부는 아니야. 앞으로 네 앞에는 수많은 시간이 있어. 그러니까 앞으로는 엄마 아빠 눈치 보지 말고 네가 하고 싶은 걸 하면서 용기 있게 나아가렴. 그리고 앞으로는 누군가에게 보여주 기 위한 삶이 아니라, 꼭 네가 원하는 너만의 멋진 모습을 찾기를 바란다. 언제까지나 엄마, 아빠는 너를 믿고 지지해 줄 거야.

　추신 : 오늘 저녁 엄마의 퇴원을 축하하는 너의 노래가 듣고 싶다.

　청수의 어머니가 세상을 떠난 뒤 그는 푸른 공원에서 노래를 부르고 있다.

철없던 시절, 어머님의 잔소리가 듣기 싫었어

나를 위한 기도였는데 그때는 귀를 막았지

공부해라, 학원가라, 대학가라

나는 어머니의 말에

내 인생은 나의 것이라며,

참견하지 말라고 화내고,

소리치며 거리를 헤매고 다녔지

그때는 그런 내가 멋져 보였어

그런 나를 어머니는 감싸 안았지

나는 어머니의 마음을 알지 못 했어

나라면 지치고, 화가 났을 텐데

어깨를 토닥여주며, 자기 자신을 용서하라고

포기하지 말고 자신을 사랑하라고 하셨지

내가 스스로를 사랑하기도 전에, 믿기도 전에

잘못했다고, 사랑한다고 말하지도 못했는데

어머니는 편지 한 장 남겨두고 하늘나라로 가셨지

오늘, 어머니의 편지를 읽으며 노래 부르고 있지

어머니의 잔소리가 그립다고, 사랑한다고, 보고 싶다고

청수는 노래를 멈추고 주머니에서 어머니의 편지를 꺼냈다. 그리
고 하늘을 향해 소리친다.

"여러분, 이 편지는 제가 죽을 때 가져갈 물건 중에 하나입니다. 이것
은 어머니가 지상에서 마지막으로 제게 남긴 짝사랑의 고백이기 때문입
니다."

청수는 관중 앞에게 어머니의 마음을 읽어 내려갔다.

"저는 세상에서 제일 못난, 못된 아들이었습니다. 저 때문에 평생
어머니의 눈물이 마르지 않았고, 한숨이 끊길 날이 없었습니다. 이제
하늘나라에서 못난 아들의 노래를 들으시며 편히 눈을 감으시기를 바
랍니다. 저의 노래는 어머니의 아들을 향한 짝사랑의 고백에 대한 아들
의 답변이 될 것입니다."

청수는 다시 기타를 치며 노래를 부른다.

나는 어머니의 악세사리인 로봇이 아니라고
하고 싶은 것을 하면서 사는
나만을 위한 청개구리가 되겠다고
소리를 지르던 못난 나의 모습
지금 보고 계신가요
오늘도 청개구리 역할 놀이는 끝내지 않고
앞으로도 계속될 겁니다
그러나 이제는 걱정하지 마세요
제가 기꺼이 자신을 찾아서
모험의 길을 떠날 준비가 되어있다고
이미 그 길을 걷기 시작했다고

언제나 어머니의 기도가 제 귓가에

나의 발길을 따라 함께 맴돌고 있다는 사실도 잊지 않고 있다고

지금 어머니한테 편지를 쓰고 있지

보고 싶은 어머니, 사랑하는 어머니

그 뒤로도 청수는 대학을 졸업하고 직장에 다니면서도 세상을 향해 시간이 날 때마다 버스킹을 하며 어머니를 향한 그리움을 노래하고 있다.

 '래퍼 청수'는 '청개구리' 전래동화를 기반으로 한 이야기다. 청수의 어릴 적 꿈은 가수였다. 그런 청수가 어머니의 반대에 자신의 꿈을 포기한 채 꿈도 개성도 없는 아이처럼 방황을 하면서 어머니의 말에 무조건 반대를 한다.

 '래퍼 청수'는 대학에 보내기위해 공부만을 강조하는 어머니와 사이가 좋지 않다. 엄마 몰래 학원을 가지 않고 좋아하는 노래방을 전전하고 있다. 그러다가 어느 날 청수의 어머니가 급성 췌장암으로 병원에 입원을 하게 되고 갑작스럽게 죽음을 맞이하게 된다. 청수는 어머니가 돌아가시기 전 자신에게 남긴 어머니의 편지를 읽으며 자기를 본모습을 찾기로 결심을 한다. 청수는 H대학에 입학과 동시에 래퍼의 길을 걷는다. 그리고 대학을 졸업하고 직장생활을 하면서도 시간이 날 때마다 어머니를 생각하며 버스킹을 계속 하고 있다.

함께 해요

1. 래퍼 청수의 어머니가 청수에게 바라는 것을 무엇이었을까요?

_____

_____

_____

_____

2. 래퍼 청수는 어머니의 죽음을 왜 자신 때문이라고 생각했을까요?

_____

_____

_____

_____

3. 래퍼 청수가 갑자기 공부를 하기 시작한 이유는 무엇일까요?

_____

_____

_____

_____

4. 래퍼 청수가 래퍼가 된 이유는 무엇일까요?

_____

_____

_____

_____

_____

5. 래퍼 청수는 과연 자신의 본 모습을 찾은 것일까요?

_____

_____

_____

_____

_____

저자 손경형

·한림대학교 생명교육융합 협동과정 생사학 석사
·국제pen한국본부 회원
·주요 연구
「문학치료학의 서사이론을 통해 본 유재용 소설 <하인>의 인간관계 분석」
 (2021)
·저서
「그녀 이름은 엘리스」(계간 문예, 2017)
「시와 이야기가 흐르는 카페」(건강보험공단, 2017)

제3장

다시 시작하게 하는 이야기

1 꼬마 나그네쥐 이야기

정예빈

어느 외딴 섬 산속에는 나그네쥐들이 모여 사는 마을이 하나 있었답니다.

그런데 이 마을에는 규칙이 하나 있었어요. 바로 비옥했던 땅이 마르고, 파릇했던 풀들이 하나둘씩 바스러지면 섬에서 가장 높은 산 위에 있는 절벽까지 올라가야 한다는 거였어요.

산에 가뭄이 들고 마을이 황폐해지자 나그네쥐들은 오랫동안 전해 내려온 규칙을 따라 산을 오르고, 오르고, 또 올랐어요.

꼬마 나그네쥐 밍밍이도 짧은 팔다리를 움직이며 열심히 위로 올라갔답니다. 그런데 호기심 많은 밍밍이는 이 많은 나그네쥐가 어째서 다 함께 위로 올라가야 하는지 궁금했어요.

그래서 밍밍이는 무리의 맨 앞에 있던 아빠께 여쭤보기로 했어요.

"아빠, 옆 동네 산도 있고, 산 아래 잔디밭도 있는데 우리는 왜 위로
올라가야 해요?"

그러자 나그네쥐 대장이었던 밍밍이네 아빠가 말했어요.

"밍밍아, 숲이 망가졌을 때 절벽으로 가는 건 우리 나그네쥐들의 의
무란다. 할아버지의 아버지의 아버지의 아버지의 아버지로부터 내려온
전통이지. 전통은 지켜야 하는 거란다."

밍밍이는 아빠 말씀에 고개를 끄덕였지만, 아직도 마음속으론 궁금한 점이 많았어요. 그래서 밍밍이는 무리 중간에 있던 엄마에게 달려갔어요.

"엄마, 우리는 왜 산을 올라가야 해요? 전통은 꼭 지켜야 하는 거예요?"

그러자 엄마는 이렇게 대답했어요.

"밍밍아, 아빠는 우리 마을 대장이잖니. 아빠 말씀에 따라야 우리 나그네쥐들이 잘 되는 거란다."

'정말 저 산 위에 올라가면 잘 되는 걸까? 그런데 뭐가 잘 된다는 거지?

밍밍이는 깊은 생각에 빠졌어요. 그러다가 그만 무리에서 밀려나 버렸답니다.

그런데 그 순간, 온몸에 나뭇잎을 뒤집어쓴 수상한 나그네쥐가 눈에 들어왔어요. 자세히 보니 그 나그네쥐는 밍밍이네 옆집에 살던 동동 누나였어요. 반가운 마음에 가까이 다가오는 밍밍이를 보고 동동 누나는 화들짝 놀랐어요.

"앗, 깜짝이야! 조용히 해야 해!"

"알았어요. 그런데 누나는 왜 그러고 있는 거예요?"

밍밍이가 물었어요.

"나, 지금 도망치는 중이야."

"왜요? 왜 도망가요?"

"너, 절벽에 가면 어떻게 되는지 알아?"

"몰라요. 어떻게 되는데요?"

"…아니다. 넌 모르는 게 나을 수도 있겠다. 난 여기가 지겹고 싫어서 떠날 거야. 내가 도망치는 거 아무한테도 말하면 안 돼. 알겠지?"

밍밍이가 알았다고 대답하기도 전에, 누나는 잽싸게 수풀 사이로 사라졌어요. 알쏭달쏭한 말만 남기고 가버린 동동누나가 있던 자리에는 달랑 나뭇잎 한 장만이 남아 있었어요. 나뭇잎을 보며 생각에 빠진 밍밍이는 또 뒤처져버렸답니다.

이제 밍밍이는 나그네쥐 무리의 끝자락에 왔어요. 그곳에는 밍밍이 또래 친구 울적이가 있었어요. 걸음이 유독 느린 울적이는 무리 맨 끝에서 홀로 걷고 있었답니다. 걱정스런 마음에 밍밍이는 울적이에게 말을 걸었어요.

"울적아, 힘들어 보인다. 무슨 안 좋은 일 있니?"

"나는 사는 게 너무 힘들고 무서워……."

"왜? 어떤 게 힘든데? 내가 도와줄까?"

"…아무리 생각해도 난, 다른 쥐들이랑 같이 살아갈 자신이 없어.
사실, 너도 그만 가줬으면 좋겠어…"

"…그렇구나. 그래, 알겠어."

밍밍이는 울적이가 계속 마음에 걸리는지 자꾸 뒤를 돌아보게 되었
어요.

무리 앞쪽에서부터 여기 맨 끝까지 오면서 많은 쥐를 만났지만, 밍밍
이는 원하는 답을 얻지 못했어요.

'나는 왜 절벽으로 가는 걸까?'

밍밍이는 머릿속으로 질문을 되새기며 다른 쥐들을 따라 걸어갈 뿐
이었어요.

그런데 그 순간, 줄곧 나그네쥐 무리 위를 맴돌던 솔개 한 마리가
밍밍이를 잡아채고 날아올랐어요. 단단한 발톱이 밍밍이의 등허리를

파고들었어요. 그러는 동안 밍밍이의 머릿속에선 가족들, 친구들, 행복했던 기억, 슬펐던 기억이 주마등처럼 스쳐지나갔어요.

밍밍이는 살고 싶어서 팔다리를 빠르게 움직였어요. 결국 솔개는 온 힘을 다해 발버둥 치는 밍밍이를 놓쳐버렸어요. 운 좋게도 밍밍이는 어느 나뭇가지 위에 떨어져서 크게 다치지는 않았어요.

하지만 가족들에게 돌아가려면 아래로 내려가야 했어요. 그렇지만 밑을 내려다보자 아찔했어요. 밍밍이가 있는 곳은 너무 높았거든요. 이곳은 예전에 나그네쥐 마을이 있던 산보다 훨씬 위쪽인 것 같았어요. 아래쪽엔 안개가 가득했어요. 하지만 어지럽다고 나뭇가지 위에서 가만히 있다가는 더 위험해질 것 같았어요.

살아남고 싶었던 밍밍이는 두려움을 꾹 참고 아래를 바라봤어요. 안개가 조금씩 걷히고 있었어요. 그런데 옅어지는 안개 사이로 익숙한 풍경이 보였어요. 그건 바로 절벽이었어요. 나그네쥐들이 그렇게 원하던 그 절벽 말이에요. 밍밍이는 줄곧 마을에서 올려다보던 절벽을 이제는 나뭇가지 위에서 내려다보게 되었어요.

조그만 갈색 점들이 절벽 위에서 일사불란하게 움직이고 있었어요. 자세히 보니 그건 나그네쥐들이 바다로 하나둘씩 뛰어내리고 있는 모습이었어요. 그렇게 아득한 안개 속으로 사라진 나그네쥐들은 다시 돌아오지 않았어요. 그 모습을 보던 밍밍이의 눈에서 눈물이 흘렀어요.

얼마나 시간이 흘렀을까, 나그네쥐들이 모두 사라진 줄로만 알았는데 절벽 위 수풀에서 무언가가 천천히 움직였어요. 억센 풀을 헤치고 울적이가 슬며시 걸어나왔어요. 조금 전에 밍밍이를 멀리 돌려보낸 그 친구 말이에요.

걸음이 느려 절벽에 마지막으로 도착한 울적이는 이리저리 두리번대다가 이윽고 자리에 털썩 주저앉았어요. 덩그러니 혼자 남겨진 울적이는 훌쩍이기 시작했어요. 그리곤 점점 절벽 끝으로 발걸음을 옮기기 시작했답니다. 수많은 나그네쥐가 줄지어 떨어졌던 그 절벽 끝으로요.

하지만 울적이는 두려움 때문에 쉽게 발을 떼지 못했어요. 그러다 결국 절벽 끝에 주저앉았죠. 그 모습을 본 밍밍이는 큰소리로 외치기 시작했어요.

"울적아! 울적아!"

밍밍이가 목놓아 부르는 소리에 울적이가 고개를 들었어요. 자기 목소리가 울적이에게 닿는다는 걸 확인한 밍밍이가 다시 소리쳤어요.

"울적아, 너는 혼자가 아니야! 내가 갈게! 조금만 기다려!"

하지만 울적이는 밍밍이가 있는 쪽을 보며 가만히 앉아있을 뿐이었어요. 고개를 끄덕이지도, 고개를 젓지도, 어떤 말을 하지도 않았죠.

밍밍이는 혼자 남겨진 친구를 어떻게든 구해야겠다고 생각했어요. 밍밍이가 아니면 저 친구도 다른 나그네쥐들을 따라갈 것만 같았거든요. 밍밍이는 조심스레 나무 밑으로 내려가기 시작했어요.

나뭇가지들을 붙들고 간신히 절반 정도 내려왔는데, 이런! 발을 헛디딘 밍밍이는 바닥으로 굴러떨어졌어요. 하지만 밍밍이는 아픔에도 굴하지 않고 열심히 달리기 시작했어요. 울적이가 있던 절벽으로요. 밍밍이는 지금까지 먼 길을 오느라 힘들었지만 혼자 있을 울적이를 생각하면 이대로 멈출 수 없었어요.

얼마나 달렸을까, 날이 저물 때쯤 밍밍이는 절벽 앞 풀숲에 도착했어요. 이제 무성한 풀들을 헤치고 조금만 더 가면 도착이었어요. 과연 울적이가 아직 있을까, 없을까? 밍밍이는 궁금하기도 하고 두렵기도 했어요. 하지만 내심 설레는 복잡한 마음으로 한참을 풀 무더기 속에서 있었답니다. 울적이를 위해 따온 산딸기를 손에 꼭 쥐고서요.
용기를 내어 눈앞의 풀을 치워낸 밍밍이는 드디어 절벽 위 풍경을 마주했어요. 그 앞에는 조금 야윈듯한 울적이가 절벽 위 바위에 앉아있 었답니다. 밍밍이는 그런 울적이에게 산딸기를 건네며 따뜻하게 안아 주었어요.

　바다가 보이는 평화로운 산에 나그네쥐 무리가 살고 있었다. 하지만 마을이 황폐해지자 나그네쥐들은 전통을 따라 산 위에 있는 절벽으로 떼 지어 올라갔다. 꼬마 나그네쥐 밍밍이는 무리를 따라 절벽을 오르던 도중 궁금증이 생겼다. '우리는 왜 절벽에 올라가야만 하는 걸까?' 이 궁금증을 풀기 위해 밍밍이는 절벽을 가면서 다른 나그네쥐들과 대화를 나눴다. 하지만 이야기를 거듭할수록 밍밍이의 궁금증은 더 커지기만 했다. 생각에 빠진 밍밍이는 무리에서 뒤처지게 되었는데, 방심한 사이 솔개의 습격을 받았다. 결국 밍밍이는 솔개의 발톱에 걸려 하늘 높이까지 올라갔다. 하지만 솔개가 헛발질하는 바람에 밍밍이는 운 좋게 목숨을 구했다. 섬에서 가장 높은 산 속 나무에 착지한 밍밍이는 그곳에서 나그네쥐들이 절벽 밑으로 떼 지어 떨어지는 모습을 목격했다. 충격적인 광경을 본 밍밍이는 깊은 슬픔에 빠졌다. 그런데 한참 후에 마지막으로 남은 나그네쥐 울적이가 절벽의 수풀 속에서 모습을 드러냈다. 하지만 홀로 남겨진 울적이는 눈앞에서 벌어진 상황에 혼란스러워하며 절벽에서 뛰어내려야 할지, 되돌아가야 할지 망설였다. 밍밍이는 울적이가 어떤 결정을 내릴지 확신할 수 없었다. 그렇지만 밍밍이는 울적이를 구해내겠다고 마음먹는다. 밍밍이는 울적이가 있는 곳까지 가느라 어려움을 겪지만 결국 절벽에 도착해 울적이를 만났다.

레밍이라고도 불리는 나그네쥐는 단체로 바다에 뛰어들어 스스로 목숨을 끊는 것으로 알려져 있다. 하지만 최근에는 레밍이 의도를 가지고 집단으로 자살한다는 속설은 오해라는 연구가 속속들이 나오고 있다. 관련된 가설도 여럿 제시되고 있지만, 명확한 이유는 지금까지 밝혀지지 않았다. 이렇듯 아직도 수수께끼로 남아 있는 나그네쥐의 습성에 영감을 받아 이 작품을 쓰게 되었다.

작품 속 나그네쥐 무리는 어떤 납득갈만한 이유도 제시하지 않은 채 앞으로만 나아간다. 그 안에서도 나그네쥐들은 저마다의 사고방식을 가지고 행동한다. 이 작품에는 집단에 적응한 나그네쥐, 집단에 속하기를 거부하는 나그네쥐, 집단의 규칙에 의문을 품는 나그네쥐, 집단을 따라갈 여력이 없는 나그네쥐 등 제각기 다른 생각을 지닌 인물들이 등장한다. 이는 현실에서도 낯선 이야기는 아닐 것이다. 이 이야기는 사회에 속한 개인으로서 생각할 거리를 던져준다. 또한, 울적이를 도와주는 밍밍이의 모습에서 돕고자 하는 마음의 소중함을 엿볼 수 있다.

함께 해요

1. 여러분에게도 절벽처럼 느껴지는 일이 있나요?

_____

_____

_____

_____

_____

2. 탈출을 준비하는 나그네쥐는 왜 마을을 떠났을까요?

_____

_____

_____

_____

_____

3. 밍밍이가 만난 나그네쥐들을 보며 떠오른 주변 사람이 있나요? 여러분
   의 주변에서 다음 인물들과 가장 비슷한 사람과 그렇게 생각한 이유
   를 써보세요.

1. 아빠 나그네쥐 2. 엄마 나그네쥐 3. 동동 누나 4. 울적이

_____

_____

_____

_____

_____

4. 작품에 나온 등장인물 중 자신과 가장 닮았다고 생각하는 인물이 있
   나요? 있다면 그 이유는 무엇인가요?

_____

_____

_____

_____

_____

5. 절벽에 혼자 남겨진 울적이는 어떤 마음이 들까요?

_____

_____

_____

_____

_____

6. 여러분이 밍밍이라면 울적이를 구하러 갈 것인가요? 그렇게 답한 이유
   는 무엇인가요?

_____

_____

_____

7. 주변에 울적이 같은 친구가 있다면 어떤 말을 해주고 싶은가요?

_____

_____

_____

_____

8. 밍밍이는 울적이에게 '너는 혼자가 아니야!'라는 말을 해주었습니다.
   여러분이라면 울적이에게 어떤 말을 가장 해주고 싶은가요?

_____

_____

_____

_____

9. 만약 결말 부분에서 울적이가 없어졌다면, 밍밍이는 어떤 기분이 들까
   요?

_____

_____

_____

_____

10. 여러분이 원하는대로 결말을 바꾸어보세요.

_____

_____

_____

_____

_____

저자 정예빈

·한림대학교 생명교육융합 협동과정 생사학 박사 과정
·주요 연구
「취업여부와 수면시간이 성인의 자살에 미치는 영향」(2020)
「사별경험유형이 자살생각에 미치는 영향 : 2019 Koreans Viewsof Life and Death Survey를 중심으로」(2020)
「취업 여부와 수면시간이 우울 및 자살생각에 미치는 영향」(2019)

이 야 기
우 리 가
살아가는 힘

2 안개

정영미

자라지 못하는 아이

이 막막함의 끝은 어디일까. 앞이 보이지 않는다. 고등학교 들어오면서부터 계속 떨어지기만 할 뿐 오르지 않는 성적은 절망스럽다. 이번 모의고사에서는 평균 한 등급이 떨어졌다. 이런 성적으로는 서울에 있는 대학은 가지 못할 것 같다. 그에 반해서 동생은 이번에도 모두 1등급이다. 원하는 학교에 무난히 갈 수 있을 것이다. 아무리 동생보다 더 많이 공부를 해도 성적은 동생을 따라가지 못한다. 학교에서도 아이들이 수군거리는 소리가 들리는 것 같다.

이란성 쌍둥이인 우리 자매는 생긴 것만 다른 것이 아니라 성격도 많이 달라서 쌍둥이라고 하면 사람들이 고개를 갸웃하고는 한다. 성격이 밝고 공부를 잘하는 동생과 쌍둥이라는 사실이 무척 부담스럽다. 중학교 진학할 때와 고등학교 진학할 땐 다른 학교에 다녔으면 좋겠다고 했지만 아빠와 엄만 쌍둥이라서 한 학교에 다닐 수 있는 것도 혜택인데 그게 무슨 말이냐며 펄쩍 뛰셨다.

첫 시험이 끝나면 선생님들은 전교 1등과 내가 쌍둥이라는 것이 신기한 듯이 성적을 다시 한 번 확인하고 한 번 더 쳐다보며 말한다.

"이란성 쌍둥이는 다른 게 많은가보다."

거기다 반 아이들의 수군거리는 소리가 들린다.

"쟤 동생이 전교 1등이래."

그런 소리를 들으면 몸 둘 바를 모르겠다. 아이들은 마치 새로운 진리라도 알아낸 것처럼 말한다.

"이란성 쌍둥이들은 비슷한 점보다는 다른 점이 많은가 봐."

그런 말을 들으면 눈물이 복받치고 화가 치밀어 오르지만 화를 낼 수도 없다. 화를 냈다가는 공부도 못하면서 성질머리까지 더러운 아이 취급을 받을 것이다.

친구를 사귈 엄두가 나질 않는다. 간혹 손을 내미는 아이가 있기는 하지만 진심으로 나와 친구를 하고 싶은 것이 아니라 쌍둥이에 대한 호기심처럼 보이거나 동생을 소개받고 싶어 하는 것처럼 보여서 결국은 마음을 닫고 거리를 두게 된다. 많은 친구를 원하는 것도 아닌데 지금까지 마음을 터놓을 만한 친구가 한 명도 없다. 학교생활이 너무 힘들고 답답하다.

이번 모의고사 성적은 더 떨어졌다. 엊그제 성적표가 집으로 배달되었다. 하필이면 그 날 할머니가 오셨다. 현관에서 할머니의 신발을 발견하고 독서실 핑계를 대고 다시 나올까 하며 머뭇거리는 사이, 동생이 먼저 할머니께 반갑게 인사를 했다.

"할머니 오셨어요?"
"아이구 내 강아지가 오는구나. 이번에도 1등이라며?"

그 말에 주눅이 들어서 인사를 해야 한다는 생각뿐, 입안에서 맴돌았지만 그래도 용기를 내서 인사를 했다.

"안녕하세요?"

동생에게 했던 것과는 달리 할머니는 혀를 차며 차갑게 인사를 받으셨다.

"쯧쯧, 도대체 나이가 몇인데 아직 인사도 제대로 못 하는 거냐?"

할머니는 내가 하는 모든 것을 못마땅해하신다. 내가 하는 모든 것이 아니라 내 존재 자체를 못마땅해하시는 것 같다. 어릴 적부터 할머니는 나를 싫어하셨다. 못마땅한 말씀을 하실 때면 늘 수식어처럼 말씀하시곤 했다.

"제 애미를 닮아서 애가 매가리도 없고, 어디에 써먹어야 할지 모르겠네."

그래서 할머니께 혼날 때마다 엄마에게 미안해서 할머니뿐 아니라 엄마 눈치까지 보아야 했다. 할머니는 나나 엄마를 사랑스러운 눈으로 본 적도, 다정하게 말을 건넨 적도 없다. 나와는 달리 동생은 아빠를 닮았다며 아들 부럽지 않은 딸이라고 대견해 하신다.

엄마가 식사를 준비하는 소리가 거칠어졌다. 할머니가 나에게 한 말이 엄마를 또 자극했나 보다. 엄마는 그런 할머니를 참기 힘들어한다. 나만 아니라면 엄마가 저렇게 힘들어할 일은 없을 텐데. 엄마 표정이 어두우면 내가 또 무얼 잘못했나 걱정이 된다. 거기에 할머니의 목소리만 들어도 움찔하게 되는 난 열아홉 살의 내가 아니다. 더구나 할머니에게 혼이라도 나면 마치 아이처럼 대답도 할 수 없는 상태가 된다. 목소리도 작아지고 몸은 점점 긴장되어 결국은 실수를 하게 된다. 그럴 때 할머니의 얼굴을 보면 마귀할멈 같다는 생각이 든다.

엄마와 나란히 앉아 밥을 먹기 시작했다. 맞은편에 아빠와 나란히 앉은 할머니 시선이 불편해서 고개를 숙이고 밥을 먹었는데 아빠가 물을 달라고 하셨다. 컵에 물을 따라 건네는데 아빠가 잡는 시점과 내가 손을 놓는 시점이 잘 맞지 않았나 보다. 컵이 떨어져서 깨지지는 않았지만 물이 쏟아졌다.

"얜 왜 이렇게 조심성이 없냐?"

내가 당황해하는 걸 보시면서도 한마디 더 하셨다.

"넌 도대체 뭐 하나 제대로 하는 게 없냐?"

혀를 차시는 할머니께 평소와 달리 엄마가 가시 돋친 말을 했다.

"그만 좀 하세요. 애가 물을 쏟을 수도 있지 그걸 가지고 꼭 그러셔야
해요?"

지금까지 할머니의 어떤 말씀에도 입을 꼭 다물고 아무 말도 하지
않던 엄마였다. 당황한 아빠가 할머니 눈치를 보더니 엄마를 나무라
듯이 말씀하셨다.

"어머니한테 무슨 말을 그렇게 하는 거야?"

분위기가 싸늘해졌다.
그 순간 숨이 막히고 눈물이 쏟아졌다. 숟가락을 놓고 방으로 들어
오니 동생이 따라서 들어왔다. 등 뒤로 할머니의 목소리가 들린다.

"청승맞은 것, 애를 저 모양으로 키워서 뭐에 쓸 거냐?"

침대에 엎드려 우는 내 곁에 동생이 앉는다. 울음을 그치지 않고
사래가 들린 듯이 흐느끼자 조심스럽게 등을 쓸어준다. 동생은 이럴
때마다 내 곁에 있어 준다. 어릴 땐 그만 울라고 하기도 하고, 같이
울기도 했는데, 요즘은 말없이 곁에 앉아만 있다. 나 역시 아무 말도

하지 않는다. 동생은 늘 손을 내밀지만 난 동생의 손을 잡지 않는다. 할머니가 돌아가는 기척이 들렸지만 나가지 않았다. 동생은 나가서 인사를 하고 제 방으로 갔다.

서랍에서 바느질바구니를 꺼내서 인형 옷을 만들기 시작했다. 요즘은 레이스천으로 한복을 만들고 있다. 마음이 답답할 때 바느질을 하면 시간 가는 줄 모르고 집중하게 되고, 무언가를 완성하고 정신을 차리면 마음이 가라앉곤 한다.

. . .

오늘은 잠이 오지 않는다. 뒤척이다 새벽이 되어 창밖을 보니 안개가 자욱하다. 마치 솜이불처럼 포근해 보인다. 그 속에 들어가 쉬고 싶다는 생각이 불처럼 일어났다. 방문을 열고 안방을 보니 기척이 없다. 살짝 열려있는 동생방엔 불이 켜져 있다. 아직 공부를 하나 보다. 조용히 집을 나섰다.

안개가 아파트 현관까지 들어와 있었다. 안개의 기운이 서늘한 것이, 생각보다 포근하지는 않다. 밖이 잘 보이지 않는다. 군데군데 가로등이 켜져 있지만 불빛은 안개 속에 잠긴 것처럼 흐릿했다. 아파트를 나와서 강가 산책로로 들어섰다. 길이 안개로 덮여 잘 보이지 않는다. 마치 내 앞날 같다.

신이 정말 있을까. 있다면 신이 가장 먼저 저주를 받으면 좋겠다.

사람들에게 이런 고통을 준 죄를 신이라고 받지 않고 넘어간다는 건 불공평하다. 세상은 불공평한 것들 투성이다. 쌍둥이인데 동생과 나는 왜 이렇게 다른가. 나도 열심히 공부하는데 왜 나는 이 정도밖에 안 되나. 동생을 보는 사람들은 미소부터 짓는데 나를 보는 사람들은 왜 걱정스러운 얼굴이 되나. 저주받은 건 아닌가. 저주받은 것이 분명하다. 태어난 것 자체가 저주받았다는 증거다. 이 저주를 풀고 싶다.

다리가 보인다. 다리로 들어섰다. 늘 그랬던 것처럼 가장자리로 걷는다. 어디서 본 듯한 아줌마가 지나간다. 여기가 중간쯤 될까. 강을 향해 섰다. 난간으로 올라서려고 하니 생각보다 높다. 시멘트 블록의 난간 위에 전에 보지 못하던 쇠로 된 난간을 붙여 놓았다. 언제 이런 걸 만들었나. 난간에 글이 적혀 있다.

'생각을 바꾸면 희망이 시작됩니다'

웃긴다. 무슨 생각을 어떻게 바꾸면 희망이 시작된다는 건가. 내 생각은 점점 나쁜 쪽으로 바뀌어 온걸. 철제난간을 잡고 다리 위 콘크리트 난간 위로 올라섰다.

서늘한 안개가 몸을 감싼다. 강이 안개로 가득하다. 그 속에 들어가 맘껏 뒹굴고 편안하게 잠이 들면 좋겠다는 생각이 든다. 그 속에 숨으면 세상이 날 찾지 못할 거야. 마귀할멈 눈에도 띄지 않겠지. 그리고 거기서 편히 잠들 수 있을 거야. 눈물인지 콧물인지 안개인지 모를 수분으로 얼굴이 축축해지는 게 느껴졌다. 난간에 배를 걸치는 순간 누군가의 손이 내 다리를 잡았다.

"언니~~"

너무 일찍 커버린 아이

사흘 전, 모의고사 성적표가 나오던 날이었다. 이번에도 모두 1등 급이다. 안도가 되긴 했지만 바로 언니가 떠오르면서 마음이 무거워 졌다. 언니도 열심히 공부하지만 성적이 잘 나오지 않아서 마음이 무겁다. 아무리 성적이 잘 나와도 집에서는 기쁨을 마음껏 표현하지 못하고 축하를 받기도 힘들다. 다른 아이들은 나보다 못해도 기뻐하 고 축하를 받는데 난 이게 뭔지 모르겠다. 언니가 공부를 잘하진 못하 지만 아주 못하는 정도는 아니다. 나와 비교가 되어 못하는 것처럼 느끼는 것 같아 미안하기도 하다.

눈썰미가 좋은 언니는 손으로 하는 건 뭐든지 잘 한다. 사실 언니는 공부보다는 무언가를 만드는 일을 좋아해서 그런 것으로 보내는 시간 이 많다. 요즘은 인형 옷을 만드는 것에 꽂혀 있다. 아주 예쁘게 만들어서 나와 엄마는 팔아도 좋겠다고 하지만 언니는 팔려고 하지 않고, 인형옷장에 정성스럽게 걸어두고, 인형의 옷을 갈아입히면서 논다. 패션디자인학과를 가면 좋겠다고 제안을 하면 언니는 힘없이 대답한다.

"공부가 안되는 걸 뭐."

마치 공부를 잘 하지 못하면 아무런 꿈도 꾸지 못하는 것처럼 말하는 언니가 답답하다. 굳이 서울에 있는 대학을 고집하지만 않으면 언니 마음도 편할 텐데 집을 떠날 엄두를 내지 못한다.

지난주, 학교에 영어책을 가지고 가지 않아서 언니에게 빌리러 갔었다. 교실 문을 열고 언니를 찾으니 언니의 책상 옆에 친구들이 서서 언니가 만든 인형 옷을 보고 감탄을 하고 있었다. 언니는 그런 친구들의 반응을 기뻐하기보다는 별거 아닌 듯이 만지고 있었다. 심드렁한 표정의 언니 마음이 어떤 건지 궁금했다. 그중에서 친구를 사귈 만도 한데 친구도 사귀지 않는다.

학교까지 인형을 가지고 다니는 건 몰랐다. 어쩌면 공부가 가장 중요하다고 생각하는 건 언니 자신인 것 같다. 언니는 자주 웃지 않아서 그렇지 가끔 웃을 때면 너무 화사해서 다른 사람을 무장해제 시킨다. 유일하게 그 웃음을 싫어하는 사람이 할머니이다.

"저렇게 해사한 얼굴에 재주가 많으면 팔자가 세지. 생각없이 왜 저렇게 웃는지 몰라."

"할머니, 재주 많으면 좋지 뭘 그러세요. 요즘은 언니 같은 재주로도 얼마든지 잘 살 수 있어요. 전 공부밖에 잘 하는 게 없는데, 언니는 재주가 많잖아요. 전 언니가 부러워요."

그 말에 할머니가 쯧쯧 혀를 차신다.

"별 게 다 부럽다."

어릴 때 내가 울기라도 하면 엄마는 '세상사'라는 시를 읊어주시곤 해서 엄마가 그 시를 읊기 시작하면 울음을 그치고 엄마 품에 안기곤 했다. 그러다 엄마가 힘들어하시면 엄마가 좋아하는 노래를 오카리나로 불어주거나 나도 그 시를 읊어드리곤 했다.

"울지 마

울지 마

이 세상의 먼지 섞인 바람

먹고 살면서

울지 않고 다녀간

1. 정채봉, 『너를 생각하는 것이 나의 일생이었지』, 현대문학북스, 2000.

사람은 없어

세상은
다 그런 거야
울지 말라니까!"

　그러면 엄마는 나를 안아주고 고맙다고 하며 마음을 풀었고, 그렇게 엄마가 미소를 띠면 비로소 안심이 되면서 편안해지곤 했다. 그렇지만 지금은 그렇게 시간이 여유롭지도 않고, 무엇보다 그렇게 하기 싫다.

　나도 힘들 때가 있지만 나마저 힘들어하면 엄마는 견디지 못할 것이다. 그래서 힘들거나 화가 나거나 불편한 것, 우울한 것들은 표현하지 않는다. 그렇지만 나도 힘들 때가 있고, 불편한 것들이 있고, 화가 날 때가 있다.

　무엇보다 우울한 언니와 엄마의 눈치를 보는 것이 힘들다. 그렇지만 우울한 티도 내지 못하고 괜찮은 척 살아야 하는 것이 답답하다. 혹시 언니 마음이 상할까 봐 말도 행동도 조심하는 일이 얼마나 신경 쓰이는 일인지 아무도 모른다.

　아빠에게도 화가 난다. 3년 전에 아빠 회사에서 캐나다로 파견근무를 갈 기회가 있었다. 영어를 제법 하기는 해도 공부에 뒤처지면 어쩌나 걱정이 되었지만 할머니의 시선에서 벗어나 새롭게 지낼 수 있는 기회를 아빠는 할머니를 혼자 두고 갈 수 없다며 포기했다. 엄마와 우리의 소망은 아빠에겐 소중하지 않은가 보다. 아빠의 결정엔 늘 할머니가 1순위이다.

가족의 분위기가 뒤숭숭한 날이면 마음에 무언가 왈칵 치밀어 오른다. 그러면 스탠드만 켠 채 숨겨놓았던 책을 꺼내 본다. 『자살 가게』[2]는 이럴 때 위로가 되는 소설이다. 서점에서 이 책을 발견하고는 홀린 듯이 들춰보지도 않고 샀다. 이상하다. 자살을 하고 싶은 마음이 있는 것도 아닌데 왜 이 책에 꽂혔는지 모르겠다.

그 책은 자살을 하려는 사람들에게 필요한 물품을 판매하고, 안 아프게 죽는 방법을 알려주기도 하며 다양한 자살도구를 판매하는 가족의 이야기이다. 책을 읽다 보면 어떤 방법이 좋을지, 도구로는 무엇을 사용할지를 나도 모르게 생각하지만 자살가게에 어울리지 않는 사랑스러운 막내로 인해 가게를 정리하는 것을 보며 후련하게 책을 덮곤 한다.

자살가게를 찾는 사람들의 아픔을 내가 겪은 듯이 느끼고 나면 조금 위로가 된다. 죽음으로 이별을 하는 것이 얼마나 고통스러운 건지 내가 직접 겪지 않아도 그 심정을 알 것 같다. 그리고 내 곁에 엄마와 아빠, 언니가 있다는 것이 안도가 된다.

. . .

2. 장 뗄레, 『자살 가게』, 열림원, 2007.

머리에 들어오지 않는 공부를 붙잡느라 밤을 새웠다. 밤늦게 올라오기 시작한 안개가 새벽이 되면서 더 진해졌다. 저 아득한 안개가 걷히긴 할까 싶다. 안개가 자욱한 풍경이 마치 우리 가족의 앞날 같다. 막막한 마음으로 보니 안개가 풍경을 잡아먹고 있는 것 같다. 왠지 섬뜩하다. 그때 언니방 문이 열리는 소리가 들렸다. 화장실에 가나 했지만 현관문 열리는 소리가 났다. 뭐지? 조금 전의 섬뜩함이 더해져 등이 서늘해졌다.

가디건을 급히 걸치고 방을 나왔다. 엘리베이터가 내려가고 있다. 다시 올라오기를 기다릴 수 없어서 계단을 뛰어 내려갔다. 언니가 아파트 현관을 막 빠져나가고 있다. 서둘러 언니의 몇 걸음 뒤에서 따라갔다. 언니가 강가 산책로로 들어섰다. 안개 속에서도 언니의 불안한 걸음이 느껴졌다. 잔뜩 웅크린 몸에 흐느적거리는 걸음이 안개에 점점 갇히고 있다. 그런 언니를 잃어버리지 않으려고 조심스럽게 따라갔다. 산책로에 우리 둘만 있는 것 같다.

'설마 언니가 나쁜 생각을 하는 건 아니겠지?

심장박동이 빨라졌다. 멀리 다리가 보였다. 안개 속에 발자국소리가 더 크게 들리는 것 같다. 덜컥 겁이 났다. 낯설지 않은 얼굴의 아줌마가 지나갔다. 이 시간에 여기 있는 사람이 우리 둘만이 아니라서, 그리고 남자가 아니라서 다행이다. 다시 언니를 보니 여전히 흐느적

거리며 걷고 있다. 발자국소리를 듣지 못하나 보다.

언니가 다리를 건너간다. 평소 언니는 다리를 건너지 않고 산책로를 따라 걷곤 했다. 저 다리는 가끔 자살을 하는 사람이 있어서 무섭다고 하던 언니였는데 오늘은 이상하다. 언니를 따라 다리로 들어섰다. 다리 중간쯤 가더니 언니가 걸음을 멈췄다. 그리고 몸을 돌려 강을 향해 섰다. 그렇게 한참 있던 언니가 난간으로 올라갔다. 나도 모르게 언니에게로 뛰어갔다. 그리고 몸을 강쪽으로 숙이는 언니의 다리를 잡았다.

"언니~~"

언니의 무게를 감당하기 힘들어 소리를 쳤다.

"도와주세요. 누구 없어요?"

누군가 바쁘게 달려오는 소리가 들렸다. 더 크게 소리치고 싶지만 눈물이 나면서 목이 잠긴 듯 소리가 제대로 나오지 않았다.

"제발 좀 도와주세요."

조금 전에 지나친 아줌마였다. 같이 언니 다리를 잡아당겨 바닥으로 내렸다.

이해, 그리고 시작

막 다리를 벗어난 참이었다. 여자아이들 둘이 몇 걸음 차이로 지나쳐
갔다.

"언니~~~"

아까 만난 아이인가? 무심코 걸음을 늦추며 아이들이 간 방향을
돌아보았다. 날카롭게 언니를 부르는 소리가 들리더니 도와달라는
다급한 소리가 들렸다. 흐느끼느라 제대로 소리가 나오지 않는지 꺽
꺽대는 소리가 같이 들렸다. 몸을 돌려 오던 방향으로 뛰어갔다. 안개
때문에 어떤 상황인지 보이지 않지만 다급함이 그대로 느껴졌다. 가
까이 가니까 한 아이가 난간에 올라가 강으로 몸을 향하고 있었고,
한 아이는 그 아이의 다리를 잡고 있다. 난간에 올라선 아이는 정신을
잃었는지 몸을 난간에 걸친 채 움직이지 않고 있었고, 다리를 잡은
아이는 그 다리를 놓칠세라 온몸으로 다리를 잡고 울부짖고 있었다.

다리를 잡고 있는 아이를 도와서 난간 위의 아이를 잡아당겼다. 두 번 만에 아이가 툭 떨어졌다. 동생인듯한 아이가 울부짖듯이 언니를 부르며 흔들었지만 움직이지 않았다. 전화기를 꺼내 119를 눌렀다.

병원에 도착해서 그때까지 정신을 차리지 못한 아이가 응급실로 들어가고, 구급대원이 일처리를 하는 동안 동생아이와 대기실에서 기다렸다. 떨고 있는 아이의 손을 잡아주다가 안쓰러운 마음에 가슴으로 당겨 안으려고 하니 거부하지 않고 기대왔다. 무척 긴장을 했던 모양이다. 손에 땀이 흥건하다.

"괜찮을 거야. 안심해."

아이는 말없이 고개를 끄덕였다. 겁이 잔뜩 든 눈에 눈물이 그렁그렁하다.

30분도 되지 않아서 아이의 부모가 도착했다. 어떻게 된 일인지 엄마가 물었지만 아이가 제대로 대답을 하지 못하고 울먹이면서 말했다.

"아줌마가 도와주셨어요."

그러자 아이아빠가 나에게 어찌 된 영문인지를 물었다. 내가 본 것을 그대로 이야기해 주었다. 아이엄마가 놀라 바닥에 주저앉았다.

아빠는 당황한 얼굴로 손을 비비며 감사하다고 인사를 했다. 이젠 가보겠노라고 인사를 하면서 아이를 보니 혼이 나간 듯하여 그대로 두면 안 될 것 같아 전화번호를 알려주었다.

"아이가 정신이 들면 연락해 주세요. 걱정이 돼서요."
"네. 감사합니다."

아이의 손을 잡아주고 병원을 나섰다. 안개는 여전히 자욱해서 걷힐 기미가 보이지 않았다. 집에 돌아와 따뜻한 물로 샤워를 하고 침대에 누웠다.

・ ・ ・

얼마 동안 잤을까. 전화벨 소리에 잠에서 깼다.

"쌍둥이 엄마예요. 오늘 감사했어요."

아이들이 쌍둥이였나 보다.

"아이는 어때요?"
"정신이 들긴 했는데, 먹지도 않고, 말도 하지 않아요. 그래서 몸을 좀 추스르면 정신과 치료도 같이 받아야 할 것 같아요."

"동생은요?"

"오늘 학교에 가지 않고 집에 있어요."

"가족이 모두 충격이 클 텐데 괜찮은지 걱정이 돼요."

쌍둥이엄마가 한숨을 쉬었다.

"어떻게 해야 좋을지 모르겠어요."

"어떻게 된 일인지 말씀하실 수 있으면 기운 차려서 저녁에 만날 수 있겠어요?"

"아, 그럴까요?"

사무실 주소와 이름을 알려주자 상담선생님이었냐고 하며 놀랐다. 전화를 끊고 보니 안개가 걷혀있다. 방금 했던 통화가 아니라면 지난 밤 일이 꿈만 같다.

쌍둥이 엄마는 정확하게 약속한 시간에 희미하게 웃으며 상담실 간판을 한 번 더 보고 들어섰다.

"상담실 이름이 예뻐요."

새벽에 만났던 차림과 별반 다르지 않은 소박한 차림이었다. 웃어

보려고 애쓰고 있지만 겁을 먹은 얼굴에 불안한 몸짓이 애처로웠다. 손을 꼭 잡아주고 따뜻한 차를 주었지만 찻잔을 손으로 감싸기만 할 뿐 마시지도 않고 바라보고 있다. 참았던 눈물이 찻잔을 잡은 손위로 툭 떨어졌다. 그녀가 작은 목소리로 이야기를 시작했다.

입술이 말라서 갈라진 그녀는 자주 한숨을 쉬었고, 손으로 어깨를 번갈아 두드리곤 했다. 말이 자주 끊겼고, 강한 감정이 올라오면 기침을 하곤 해서 억압하고 있는 그녀의 감정은 말이 아닌 몸짓으로 표현되었다. 눈물이 나올 것 같으면 입술을 깨물고 눈에 힘을 주어 참는 것이 습관화된 듯했다. 그러던 그녀가 울음을 터뜨렸다.

"전 무서워요. 가원이가 우리를 떠나려고 하다니요. 전 어떻게 살라구요. 그리고 나원이는 어떻게 하라구요."

티슈를 뽑아서 주었지만 흐느낌을 멈추지 못하고, 한참 동안 울더니 눈물을 닦고 얼굴을 들었다.

"어떻게 하죠?"

표정이 간절했다. 정신과 치료나 상담을 받으면 괜찮아질지 물었다. 가원이가 살 수만 있다면 뭐라도 할 수 있다고 했다. 정신과 치료와 상담을 같이 하기로 했다. 가족이 모두 참석하면 좋겠다고 하자 쌍둥이와 아빠 엄마는 가능하지만 할머니는 아마 상담을 하자고 하면 무척 불쾌해할 것이라고 했다. 그래도 일단 시작하고, 가족의 변화를 보면서 할머니도 용기를 내면 좋겠다고 했다.

상담 첫날 쌍둥이언니가 오기로 했는데, 혼자 오지 않고 엄마가 따라왔다. 아직 몸도 회복이 덜 되었고, 혼자 갈 엄두를 내지 못해서 라고 엄마가 말했다. 상담이 어떻게 진행될지에 대한 이야기를 하고, 상담을 하는 동안 자살을 하지 않겠다는 '자살금지 서약서'를 받았다.

예상은 했지만 가원인 스스로 말을 하는 일이 거의 없었고, 내 질문에 간략한 대답을 하거나 말을 하지 않아서 엄마가 미안한 듯이 대신 답을 하는 정도였다.

"지금 가장 힘든 게 뭐야?"

"모르겠어요."

"어떻게 하면 지낼 만 하다는 생각이 들 것 같아?"

이번엔 대답 없이 고개를 가로 저을 뿐이다. 긴장과 충격이 고스란 히 전해졌다. 질문에 짧은 답을 하기도 힘들어했다. 마음을 열고 가슴 속에 눌러 놓았던 말들을 털어놓으려면 시간이 걸릴 것 같다. 말을 하기 힘들어하는 아이의 상황을 보기 위해 심리검사를 하려고 했지만 병원에서 했다고 하여 결과가 나오면 받기로 했다.

모래상자의 뚜껑을 열고 피규어장에서 마음에 드는 피규어가 있으면 가져다가 상자에 놓으라고 하자 한참을 보더니 아기인형을 가져다가 모래에 묻었다. 그리고 돌과 잔디를 가져다 그 위에 놓아서 모래 속에 아기가 있는 것도 모르게 만들어 놓았다.

　"아기가 있는 줄 모르겠다. 이 아기는 어떨 거 같아"
　"답답하겠지요. 그래도 아무도 보지 않아서 편할 거예요."

　한참을 모래를 만지작거리던 가원이가 아기를 꺼내서 모래를 털고 제 자리에 가져다 두곤 한참을 바라보았다.

　"아가는 지금 어떤 기분일까?"
　"시원할 거 같아요."
　"아가한테 하고 싶은 말 있으면 해볼래?"
　"씩씩하게 잘 자라라."

　그러는 동안 엄마는 가원이를 애처로운 눈빛으로 바라보았다.
　다음 시간엔 아빠와 동생도 같이 상담에 참여해도 좋을지 묻자 그래도 좋겠다고 한다.

　• • •

일주일 후에 가족이 함께 방문했다.

"안녕하세요?"

가장 먼저 들어온 사람은 나원이었다. 그날의 절박했던 모습이 사라진 나원인 무척 영민해 보였다. 전체적으로 단정하고, 목소리도 명료했다. 그 뒤로 가원이가 엄마 손을 잡고 들어섰고, 나원이와 비슷한 느낌의 아빠가 마지막으로 들어와 조심스럽게 문을 닫았다. 엄마 옆엔 가원이가, 아빠 옆엔 나원이가 앉아 안부를 묻고 상담을 시작했다.

"각자 생각하는 가족의 특성을 한 문장으로 말씀해 주시겠어요?"

나원이가 가장 먼저 대답을 했다.

"소심한 가족이요. 다들 상처받을까 봐 조심해요."

그 말을 들은 엄마의 눈이 커졌다.

"저도 비슷해요. 조심스러운 가족이요."
"조용하긴 하지만 사랑스러운 가족입니다."

아빠의 말이 끝난 후에도 한참을 생각하던 가원이가 어렵게 말했다.

"진지한 가족이요."

가족들의 생각은 비슷했다. 서로에게 상처를 주지 않으려는 배려가 필요 이상으로 진지하고 조심스러운 가정의 분위기를 만들고 있는 것 같다고 하자 나원이가 말했다.

"맞아요. 너무 진지해서 장난도 못 쳐요. 식구들끼리 장난을 치는 집 보면 부러워요. 무례하거나 나쁜 말만 아니면 너무 조심하지 않고 편하게 말하고 싶어요."

유머의 필요성에 대한 이야기가 나원이를 중심으로 나왔고, 사실 할머니의 말씀도 너무 진지하게 받아들여서 문제가 커지는 것 같다고 했다. 할머니의 언어습관이 정제되지 않은 것은 맞지만 조금 가볍게 대응하면 상처를 덜 받았을 수 있을 것 같다고 한 사람은 아빠였다.

"당신이 진지하고 극진하게 대하는데 우리가 어떻게 어머니 말씀을 가볍게 받아요."
"맞아, 맞아. 아빠가 할머니를 너무 극진하게 대하는 것 같아요. 그렇게까지는 안 해도 될 것 같은데."

"가족들은 할머니를 어떻게 생각하세요?"

내 질문에 가장 먼저 답을 한 사람은 아빠였다.

"저에겐 고맙고 미안한 분이시죠. 젊어서 혼자 되시고 저 하나 바라
보고 사셨는데, 요즘은 연로하시니까 건강도 점점 나빠지시니 측은하기
도 하고, 가원이와 아내가 상처받는 걸 볼 때는 원망스럽기도 하고요.
그렇다고 어머니께 그만 하라고 하면 어머니가 상처를 받을 것 같아서
말도 못하고. 저도 답답해 죽겠어요."

그런 아빠의 말이 뜻밖이었는지 엄마가 아빠를 빤히 쳐다보았다.

"할머닌 어떨 땐 장군 같기도 하지만 말씀을 너무 막 하시니까 화도
나고 미워요. 그리고 우리한테 너무 신경을 쓰시니까 부담스럽기도 하
고요."

부담스러운 이야기도 자연스럽게 하는 나원이가 가족 중에 가장
건강해 보였다.

"어머닌 무서워요. 늘 꼬투리를 잡히면 어쩌나 싶어서 어머니가 계

시면 긴장이 돼요. 가원이를 보는 시선만 느껴도 무슨 말씀으로 또 가원이에게 상처를 주는 건 아닌가 걱정이 돼요."

"할머니 무서워요."

가원이에게 할머닌 그저 무서운 존재일 뿐이었다. 그런 할머니가 조금이라도 부드럽게 되려면 어떤 노력을 하면 좋을지 물어보았다. 이야기를 나눈 끝에 할머니를 덜 부담스러워하는 나원이와 아빠가 가족에게 상처가 되지 않도록 너무 진지하지 않게 할머니를 대해서 할머니의 강한 말들을 덜 강하게 느껴지도록 하기로 하고 돌아갔다.

. . .

다음 주에도 가족이 함께 왔다. '감정피자'를 하기로 했다. 피자 모양을 그리고 주요 감정들을 쓴 다음에 그 감정에 맞는 색을 칠했다. 나원인 거침없이, 아빠는 정성스럽게, 엄마와 가원인 조심스럽게 색을 칠했다. 그에 따라 색의 선명성이 다르게 표현되었다. 가원인 연하게 색을 칠하고, 감정이 무너질까 두려운 듯 테두리를 강하게 칠했다. 특히 분노의 색이 인상적이었는데, 가장 안쪽에 검은색과 붉은색을 칠해 검붉은 색으로 표현하고 진한 남색으로 바깥부분과 테두리를 칠해서 강한 분노를 억압하는 표현을 했다.

"화가 나면 어떻게 해?"

"참아요. 참다 보면 머리가 하얘지기도 하고, 눈물이 나기도 해요."

"어떨 때 화가 나?"

한참을 생각하더니 대답했다.

"억울할 때요."

"어떨 때 억울한데?"

"할머니가 제 생각은 물어보지도 않고 혼낼 때나, 열심히 공부했는데 성적이 잘 안 나올 때요."

그런 억울함이 분노를 만들어내고, 정작 그 분노를 일으킨 할머니 한텐 아무런 대응을 하지 못하고 자신에게 향한 것이 자살시도라는 것을 알 수 있었다. 사랑과 행복을 비슷한 색으로 표현하여, 사랑받으면 행복을 느낀다는 것을 알 수 있었는데, 엄마가 웃을 때 행복하고, 가족과 맛있는 것을 먹을 때 사랑을 느낀다고 하여 가족을 소중하게 생각하며, 엄마가 끼치는 영향이 큰 것이 표현되었다.

엄마는 가족이 웃는 것을 볼 때 행복하고, 수고를 알아줄 때와 안아줄 때 사랑을 느낀다고 하여 가족이 큰 힘이 되고 있는 것이 표현되었다. 아빠와 나원이도 가족이 함께 있을 때 행복과 사랑을 느낀다고 하여 이들에게 가족은 긍정적인 에너지원이자 변화의 큰 자원이 될 것이라는 것을 알 수 있었다.

"지금 말씀하시는 그 가족에 할머니가 포함되어 있나요?"

나의 질문에 아빠의 가족에는 할머니가 들어가지만 다른 가족은 그렇지 않다고 하였다.

"그렇다면 할머니의 가족은 누구일까요?"

그 질문에 다들 놀라는 표정이 되었다.
모두의 표정이 어두워졌고, 할머니가 가족의 일원으로 인정받고 싶어서 부정적인 방식으로 영향력을 행사하고 있으며, 그렇게 투정을 부리고 있는 것이라는 해석에 엄마와 아빠는 고개를 끄덕이며 머리를 숙였다.

"가원인 가족들에게 어떤 존재라고 생각해?"

한참 후에야 작은 목소리로 말했다.

"소중한 존재요."
"할머니에겐 어떤 존재라고 생각해?"

그 질문에 대한 답은 쉽게 나왔다.

　"불만족스럽고 부끄러운 존재요."
　"가원인 자신을 어떤 존재로 생각해?"
　"불만족스럽고 부끄러운 존재요."
　"가원인 자기가 좋아하는 것은 누구보다 열정적으로 잘 하고 있는 자신을 왜 불만족스럽고 부끄럽게 여기게 됐을까?"

가원인 아무 말도 하지 않았다.

　"가원이가 어떻게 되면 만족스럽고 부끄럽지 않을 것 같아? 공부도 잘 하고, 친구들한테 인기도 많고, 무엇이든지 잘 하는 사람이면 될까?"

가원이를 애처롭게 바라보던 아빠가 끼어들었다.

　"우리 가족은 누구도 가원일 부끄러워하지 않아요. 가원이가 공부를 좀 힘들어할 뿐이지 바느질을 얼마나 잘하는데요. 그리고 바느질할 때 보면 무척 행복해해요. 가원이가 그렇게 행복하게 살면 좋을 텐데 할머니가 유난히 가원이에게 매몰차게 말씀을 하시죠. 사실 어머니께서 젊을 때 옷 만드는 일을 하셨어요. 그걸로 저를 키우시느라 고생을 하셔서 가원이가 그 힘든 일을 하게 될까봐 걱정하시는 걸 거예요. 가원이가 어릴 때 천조각을 갖고 놀면 화를 내시다 보니까 가원이는 할머니가 자기를 미워하는 걸로 느꼈을 것 같아요."

가원이의 눈이 커졌다.

"저를 걱정하신 거라구요?"

"그렇지. 평생 그걸로 사신 분인데. 일감이 많으면 미처 다 하기 힘들어서 건강을 해치고, 일감이 없으면 생활을 걱정하며 사신 분이시라. 더구나 그렇게 일에 매여서 친구도 제대로 사귀지 못하고 외롭게 사셨잖아. 가원이가 할머니를 닮은 것이 속으론 좋으면서도 걱정이 돼서 그러시는 걸 거야."

그동안 할머니의 사정을 알고는 있었지만 그런 마음은 생각지도 못했던 거라 아빠의 이야기에 모두 숙연한 표정이 되었다. 할머니는 자신의 삶이 불만족스럽고 부끄러운 것을 손녀에게 투사하고 안타까움을 분노로 표현하는 것이었다. 그리고 그것을 고스란히 받아서 자신의 존재를 부정적으로 인식하게 된 가원이가 할머니를 이해하는 것은 힘든 일이었다.

갑자기 가원이가 던지듯이 말을 했다.

"정말 할머니가 저를 걱정하시는 걸까요? 걱정이 되는데 왜 화를 내고 무시를 하죠?"

"할머니는 평생 누구를 걱정한다고 말씀을 한 적이 없으셔. 아빠한테도 그렇게 화를 내시면 그게 싫으신가보다 하고 고치면서 살았어. 가원이가 할머니를 이해해주면 안 될까?"

아빠의 말에 나원이가 가라앉은 목소리로 끼어들었다.

"어른인 할머니가 아이인 저희를 이해하지 못하시는데 아이인 저희가 어떻게 할머니를 이해하죠?"

"그렇구나. 아빠가 미안하다."

부모는 흔히 자녀에 대한 걱정을 걱정으로 표현하지 않고 분노로 표현하고는 한다. 그리고 그것에 대한 설명도 제대로 하지 않는 경우가 많다. 그럴 때 자녀는 표현하는 그대로를 받아들인다. 불안해지면서 자신이 부모를 분노하게 만든다는 것으로 죄책감을 느끼기도 하고, 우울해하기도 하며 부모처럼 분노로 표현하기도 한다.

그동안 말없이 듣고만 있던 엄마가 우울한 목소리로 말했다.

"제 탓도 있어요. 제가 어머니를 워낙 어려워하다 보니까 가원이도 그렇게 느꼈을 것 같아요. 가원이한테 그렇게 말씀하시면 제가 자식을 잘못 키우는 못난 엄마처럼 느껴지거든요."

아빠가 엄마 손을 잡으면서 말했다.

"당신이 애들을 얼마나 정성스럽게 키우는지는 내가 알지. 어머니도 아시고. 어머니가 말씀이 독해서 그렇지 당신을 얼마나 의지하시는데. 저렇게 자주 오셔서 하고 싶은 말씀을 다 하시는 것만 봐도 그래. 당신이 불편하면 저렇게 하시나? 그런데도 어머니께 불편한 내색 안 하는 것도 고맙게 생각하고 있어."

"어른인 나도 이렇게 힘든데 가원인 얼마나 힘들겠어요. 좋아하고 잘하는 게 있으면 칭찬해 주시면 좀 좋아요? 애가 얼마나 힘들었으면 그런 생각을 다했을까. 가원이 없으면 나도 없는 걸 알 텐데."

흥분한 듯한 엄마의 말에 가원이가 엄마에게 기대며 작은 소리로 말했다.

"엄마, 미안해."

"미안하긴, 엄마가 미안하지. 이렇게 기운 차려줘서 고마워."

"아빠도 고마워. 그동안 마음을 잘 살펴주지 못해서 미안하고."

미안해하는 마음, 고마워하는 마음을 읽어주는 것이 치유의 시작일 것이다. 미안한 것들, 고마운 것들, 용서받고 싶은 것들을 찾아내서 표현해보기로 하고 가족이 돌아갔다.

아빠가 할머니께 들러서 간다고 하자 나원이도 같이 가자며 따라나섰고, 엄마와 가원인 백화점에 들러 가원이 닮은 인형을 사겠다고 하며 인사를 하고 헤어졌다. 가원이가 자기 닮은 예쁜 인형을 애지중지 살피고 가꿔보는 것도 치유의 한 방법이 될 것이다.

'안개'는 이란성 쌍둥이 자매의 이야기이다. 자매는 고3으로, 성적도 좋지 않고 소심해서 자신감이 부족한 언니와 성적이 좋고, 밝은 성격으로 자신감이 넘치는 동생이 겪는 심리적인 상처를 다루었다. 위축된 언니도, 자신감이 넘치는 동생도 표현하지 못하는 상처가 있다.

삶의 희망을 잃어버리고 죽음을 선택하려는 우울한 언니와, 삶의 희망은 있지만 언니와 엄마를 위로하느라 우울한 동생, 그리고 그런 딸들을 키워야 하는 엄마의 마음에 있는 우울의 크기는 크게 다르지 않을 것이다. 보이는 것이 크다고 해서 보이지 않는 것이 작은 것은 아니다.

학교성적으로 많은 것을 평가받는 청소년들의 삶이 흔들린다. 그리고 그들을 키우고 있는 부모의 삶도 흔들린다. 그들이 주고받아야 할 지지의 가장 큰 근원인 가정에서 그들은 가장 큰 상처를 주고받으며 살고 있을지도 모른다.

불완전한 부모와 세상을 배우고 있는 자녀들이 맞물린 톱니바퀴가 어느 지점에서 삐걱거릴 때, 그 지점을 바로잡지 않으면 톱니는 제 기능을 상실하고, 영영 시간을 맞추지 못하고 돌아가 내가 선택한 시간이 아닌, 주어진 시간을 살아야 할 것이다.

　우리가 힘들 때마다 그것을 극복하기 위해 선택할 수 있는 것은 여러 가지가 있다. 그런데 죽음을 떠올리는 사람들이 늘어간다. 특히 선택의 폭이 좁은 청소년은 쉽게 자살충동을 느끼곤 한다. 힘들 때면 자살에 대한 소설을 읽는 동생과 자살충동을 이기지 못하고 자살을 시도하는 언니의 마음을 따라가며 우리 마음의 상처를 살펴보고 치유하는 시간이 되기를 바란다.

함께 해요

1. 이야기 중에서 가장 이해가 가능한 인물과 거부감이 드는 인물을 선택하고 그 이유를 설명해 주세요.

1) 가장 이해가 가는 인물과 이유 :

_____

_____

_____

_____

_____

2) 가장 거부감이 드는 인물과 이유 :

_____

_____

_____

_____

_____

2. 이 가족의 문제는 무엇일까요?

_____

_____

_____

3. '자라지 못한 아이'는 쌍둥이 언니의 이야기입니다. 이 아이가 힘들어서 제대로 성장하지 못하는 이유와 그것을 극복하기 위해서는 어떻게 해야 할까요?

_____

_____

_____

_____

_____

4. '너무 일찍 커버린 아이'는 쌍둥이 동생의 이야기입니다. 이 아이가 자기를 제대로 표현하지 못하고 살아가는 이유를 알아보고, 격려해 주세요.

1) 쌍둥이 동생이 자기를 제대로 표현하지 못하는 이유가 무엇일까요?

_____

_____

_____

_____

_____

2) 쌍둥이 동생을 격려해주세요.

_____

_____

_____

_____

_____

5. 이야기의 뒷부분을 상상하여 써주세요.

_____

_____

_____

_____

_____

저자 정영미

·한림대학교 생명교육융합 협동과정 생사학 박사 수료
·아주작은상담실 공감 소장
·주요 연구
「양육미혼모의 자녀 양육 자신감 향상과 양육태도 개선을 위한 문학치료 사례
연구」(2021)
「지역사회 거주노인의 사회적 지지에 따른 회복탄력성 - 강원도 춘천지역을
중심으로」(2020)
「아동이 지각한 부모의 양육태도와 비합리적인 신념의 관계연구」(2009)
·저서
「세상에서 가장 든든한 힘 아버지」(북클릭, 2006)

이 야 기
우 리 가
살아가는 힘

3 그녀와 그

박미옥

    그녀와 그는 결혼 15년 차 부부로 두 아이의 부모이며 80대 노모와 살고 있다. 그녀는 가정주부로 가사와 육아를 전담했으며 그는 직장 생활을 하고 있다. 그는 바쁜 직장 생활 탓에 집에서 아이들과 보내는 시간을 내기가 쉽지 않았다. 그녀는 육아와 집안일에 치여서 지칠 때도 있지만 아이들에게 받는 힘이 있기에 견딜만했다.

    별반 다를 것 없는 일상을 보내고 있던 그녀는 요즘 기운이 없다. 가족들과 저녁 식사 후 이야기를 나누다가도 금세 잠들기 일쑤였고, 설거지를 쌓아 두는 경우도 잦았다. 지속해서 목이 아파 침 삼키기도 어려웠다. 이런 그녀를 보던 그는 전보다 살이 많이 쪄서 그런 거 아니냐면서 걱정스러운 표정을 지었다. 그런 그가 얄미워 그녀는 살며시 눈을 흘기며 입술을 삐죽였다. 너무 싫어하는 일 중 하나지만, 병원에 가봐야겠다.

    일주일이 지나자 결과가 나왔다. 갑상샘암이라며 의사는 수술하는 것이 좋겠다고 말했다. 참, 이상했다. 결과가 나오니 오히려 맘이 편해졌고, 병이 발견된 것에 감사한 마음이 들었다. 수술 날을 잡은 그녀는 동생과 통화하며 부탁했다.

"아이들을 며칠만 돌봐 줘."

동생은 언니가 암이라는 사실을 알고 흐느끼는 목소리로 말했다.

"아이들 걱정은 마."
"난 괜찮아, 발견했으니 다행이지."

동생은 울음을 그치지 않았다. 그녀는 괜찮을 것만 같던 마음이 울컥했으나 담담하게 전화를 끊었다.

입원 후 답답해 하던 그녀는 하루하루 퇴원 날을 손꼽았다. 드디어 내일이면 퇴원이다. 퇴근 후 병원에 들른 그는 그녀에게 무언가 할 말이 있는 듯한 표정이었으나 아무 말도 하지 않았다. 그들은 퇴원 준비를 위해 물건을 챙겼다. 잠시 머뭇거리던 그가 말했다.

"내일 엄마 모시러 가려고."
"아, 그래? 아직 한 달 안 되었는데. 회복할 동안 누나들이 모신다고 했잖아."

"누나한테 연락 왔어. 모시고 가면 좋겠다고 하네. 누나가 사정상 힘들 대."

"아직 회복되지도 않았는데 어머니 모셔오면 편히 쉬거나 누워 있는 거 불편해."

"뭐가 불편해. 편하게 생각해."

"어머님이 거동이 불편하시니 건강 챙겨드리는 것도 신경 쓰이고…."

"괜찮으실 거야. 신경 쓰지 말고 편하게 쉬어."

"그게 말처럼 쉬워? 한 달만이라도 좀 마음 편히 회복하게 이 상황에 대해 누나들과 상의해 보는 건 어때?"

침묵이다. 그녀는 그의 침묵이 무엇을 의미하는지 알고 있다.

"모시기 싫다는 뜻이 아닌 거 알지?"

"알아."

잠시 그녀를 바라보던 그가 말했다.

"됐어, 그냥 모셔올게."

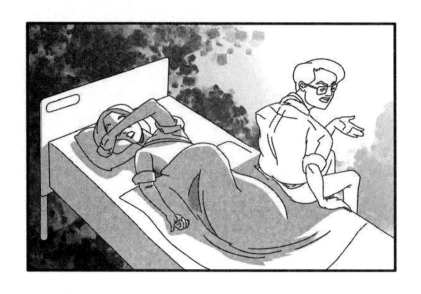

둘 사이에 정적이 흐른다. 그녀는 가슴이 아프고 머리가 지끈거렸다. 다섯 명이나 되는 누나들이 있는데 의논을 못 하는 그를 대할 때면.

퇴원하자 시누이댁에 계시던 어머니도 집으로 오고 다시 다섯 식구의 일상이 시작되었다. 수술 후 감사하며 살자고 마음먹었었다. 그런데 요즘 들어 그 순간들을 잊어버리기라도 한 것처럼 그녀의 마음이 갈피를 잡지 못하고 있는 것 같다. 자주 병원에 가면서 그동안 자신의 건강을 챙기지 않았던 자신을 스스로 원망하기도 하고 무엇인지 모를 억울한 감정에 사로잡혀 괴로워하는 일들이 잦았다.

그녀는 자주 편찮으신 어머님을 간호하면서 1년에 8번 제사를 지내야 했다. 어머님이 필요한 것을 언급하시기라도 하면 사명감으로 구해다 드렸다. 예전 기억이 떠올랐다. 착한 그가 좋아 조건은 큰 문제가 되지 않는다며 부모님을 설득해 결혼했던 일, 연로하신 어머님을 뵈었을 때 왠지 그녀가 돌봐야 할 대상 같았던 책임감, 바쁜 일상에서도 그가 집안일은 돌보지 않고 취미생활을 누렸던 일, 늘 어머니 옆에서 앉아 있던 그의 모습 등. 이 모든 상황을 당연한 것처럼 여겼던 그녀였는데…. 지금 그녀는 자신이 아닌 다른 사람, 그와 그의 가족들을 위한 삶을 살아온 것은 아닐까 하는 생각이 들자 문득, 자신을 위해 살았던 날이 있었나 하는 의문이 들었다. 자신의 삶이 아닌 타인의 삶을 살아온 빈껍데기인 그녀만이 덩그러니 남아 있는 것 같았다. 생각이 생각에 꼬리를 무니 자신이 더욱더 작게 느껴졌다. 불현듯 그녀는 '그와 어떤 관계의 부부로 살고 있었던 것일까?'라는 의문이 들었다. 회사 일이 바쁘다는 이유로 육아와 어머니에 대한 돌봄은 어느새가 그녀의 몫이 되어 있었으나 그때는 알지 못했다. 이런 것들을 그와 함께해야 했었다는 것을. 아니, 좀 더 솔직히 말하자면 그에게 표현했던 적이 있었지만, 그는 관심을 두지 않거나 시큰둥했었다. 그녀는 어쩌면 그런 상황에서도 그와 어머니의 요구를 듣는 것을 당연시하며 받아들이고 살았다는 사실에 한숨이 나왔다. 그도, 어머니도 원망스럽기만 했다.

며칠을 고민하던 그녀는 마음을 가다듬고 그에게 이야기하자고 했다. 그녀는 그가 그녀를 어떤 존재로 생각하는지 알고 싶었다. 지금까지 단 한 번도 물어본 적 없었는데 지금은 그의 생각을 들어야 할 것 같았다. 둘은 식탁에 앉았다.

그녀가 그에게 물었다.

"내가 당신에게 어떤 존재야?"

그는 잠깐의 침묵이 흐른 후 입을 연다.

"아내지."
"아내! 아내이기는 해?"
"무슨 말이 하고 싶은 거야."

그는 그녀를 싸늘한 눈빛으로 쳐다보며 이야기하고 싶지 않다며 일어서더니 방문을 쾅 닫고 들어가 버렸다. 그녀는 답답했다. 방문을 열고 들어가 지금까지 서운했던 일들을 조목조목 이야기하기 시작했다. 많은 경조사를 챙겨야 했던 상황, 어머니의 병간호 등 그녀가 처리해야 했었던 일들에 대한 부담감을 말했다.

"듣기 싫어, 그만해."

그녀는 대체 뭘 얼마나 했다고 그만두냐고 물었다. 그러자 그는 그녀를 쏘아보더니 시끄럽다며 방문을 열고 나가버렸다. 이리하려고 말을 꺼낸 것은 아니었다. 그녀는 그에게 이해받고 싶었다. 그의 차가운 말투에 더 상처를 받았다. 한두 번이 아니다 이야기하려면 아예 대꾸도 하지 않는 그의 모습에 그녀도 더는 참을 수 없었다. 그녀는 성큼성큼 그의 곁으로 갔다.

"그러려면 뭣 하려고 결혼을 했어, 어머니와 누나들이랑 살지."

그에게서 돌아오는 대답은 마치 녹음기의 기계음같이 늘 같은 대답이다.

"시끄러워, 그만해."

그녀가 소리를 질렀다.

"뭐가 시끄러워, 할 수 있는 말이 그게 전부야. 생각해 봐 우리가 어떻게 살아야 할지."

그녀는 그에게 자신을 좀 봐달라고 했다. 너무나 냉소적인 표정과 말투로 화장대 위에 물건을 밀치고 나가는 그를 보며 멍한 눈으로 방문을 응시했다. 그녀는 매번 같은 상황을 같은 말로 반복하는 자신에게 자괴감이 들었다.

어느새, 그녀 곁으로 다가온 그의 어머니가 한마디 했다.

"네가 참아라."

그녀는 어머니의 그 말이 정말 싫었다. 정신이 몽롱했다. 한참 후 그녀는 거실 소파에 앉아 있었다. 그녀 곁으로 다가온 아이들이 그녀를 슬그머니 껴안았다. 그녀는 그렁거리는 눈물을 애써 감추며 두 아이를 힘껏 안았다.

며칠 후 가족들이 거실에 모여 축구 경기를 보고 있었다. 12살 된 큰아이가 텔레비전을 보고 있던 그와 그녀에게 말했다.

"전 우리 집이 좋았어요."

멈칫하던 아이가 말을 이어간다.

"며칠 전에 엄마, 아빠가 다투면서 아빠가 문을 쾅 닫고 나오던 모습이 너무 차갑게 느껴져 무서웠어요. 전 엄마, 아빠가 좋아요. 그런데 자주 싸우면 자꾸 겁이 나요."

그녀와 그의 눈이 마주쳤다. 그에게서 이전에는 볼 수 없었던 눈빛 뭐랄까, 초조한 듯 흔들리는 그의 눈을 바라보며 그녀가 큰아이에게 말했다.

"엄마, 아빠가 네 마음을 알게 되었으니, 이 상황에 대해 아빠와 이야기해 볼게. 솔직하게 말해줘서 고맙고, 미안해."

큰아이가 조용히 아빠를 바라보았다. 그는 여전히 아무 말이 없다.

며칠이 지나도 그는 큰아이가 했던 말에 대해 아무런 말도 꺼내지 않았다. 그녀는 그에게 다가가 큰아이가 한 말에 대해 어떻게 생각하는지 물었다.

"글쎄, 지금 이대로도 난 크게 불편하지 않아."

그녀는 숨을 크게 들이쉬고 내쉬었다.

"난, 힘들어."

또다시 침묵이 흐른다.

그는 퇴근하면 집에서 음악 들으며 편안하게 쉬고 싶다고 했다. 그녀는 함께 집안일을 하고 아이들 양육과 어머니의 돌봄을 나누어서 하면 좋겠다고 말했다. 이런 이야기를 시작하면 그는 마치 아무것도 들리지 않는 사람처럼 말이 없다. 그녀는 그와 앞으로 어떻게 살아가야 할지 의논하고 싶었는데 대화 자체가 이루어지지 않으니 답답했다. 그녀는 잠시만 자신의 이야기를 들어 달라고 했다. 이런 말을 할 때 왠지 모를 서글픔이 그녀를 감쌌다.

"행복한 가정을 가꾸며 살고 싶었어. 그런데 지금은 혼란스럽기만 해."

"뭐가, 혼란스러운데?"

"가족과 관련된 모든 일을 내가 처리해야 하는 것들이 버거워."

"그러면 하지 마."

"뭐라고? 하지 말라는 말이 그렇게 쉽게 나와? 안 하면 어떻게 해?"

"그냥 되는 대로 하면 되잖아. 힘들면 그만해. 누가 하라고 했어."

"뭐, 뭐라고?"

잠시 침묵이 흘렀다.

"하지 않겠다는 것이 아니잖아. 부부는 맞춰 가면서 사는 거 아니야?"

"그건 그렇지."

"우리는 조율되지 않은 피아노처럼 사는 것 같아."

다시 침묵이 흐른다.

그가 말했다.

"힘든 상황이라는 것은 알지. 하지만 외아들이니 어머니를 모셔야
하는 것은 당연하잖아."

그녀가 말했다.

"뭐가 당연하다는 거야. 살아가면서 당연한 게 어디 있어? 단지 현재
상황을 받아들이면서 서로의 바람을 듣고 맞춰가면서 살아야 하는 거
아니야?"

그녀는 잠시 침묵하더니 그에게 말했다.

"어머니를 모시는 것에 불만이 있는 것이 아니라는 거 알잖아."
"그건 알지."

그동안 이런 상황이 되풀이되면서 답답했던 그녀는 또다시 지나간

것들을 이야기하는 이런 순간이 진저리쳐진다. 그런데도 다시 이야기를 시작하는 단 한 가지 이유는 그녀가 바라던 결혼 생활을 포기하고 싶지 않아서이다.

"힘든 상황일 때는 형님들께 부탁할 수 있었으면 좋겠다는 바람이야. 지나간 일이지만 내가 아픈 상황에서 어머니를 모셔야 하는 것이 힘들었어. 그런 상황에 대해 형님들한테 의논하지 못하는 것이 답답했어."

듣고 있던 그가 말했다.

"알고는 있지만, 누나들이 어머니를 모시는 것이 어려울 것 같아 말하지 못하겠어."
"뭐가 어렵다는 거야. 결혼 후 우리가 누나들한테 어머니를 보살피는 것을 부탁해 본 적이 없었잖아, 지금껏."
"부탁하는 것이 어려워."

잠시 침묵하던 그녀가 말했다.

"매번 의논하자는 것이 아니잖아. 우리에게 필요한 상황일 때는 의논할 수 있는 거잖아. 누나들한테도 상황이 있을 수 있다는 것 알아. 하지만 말을 꺼내지 못하는 것이 답답해. 혼자 사시는 누나도 계시고, 아이들이 장성해서 부부만 사는 누나도 계시잖아. 의논은 해 볼 수 있는 것 아니야?"

그는 다시 말이 없다. 그의 이런 태도에 그녀는 화가 났다. 그와의 결혼 생활에서 누나들에게 어머니의 돌봄에 대해 부탁을 했던 적이 없었음을 다시 한번 상기했다. 완고한 그를 꺾을 수 없다는 사실을 그녀도 알고 있다. 사실 그를 꺾겠다는 의도는 없다. 다만 그녀의 입장을 이해해주길 바라는 마음인데 둘 사이의 간격이 좁혀지지 않아 다투는 일이 잦아졌다. 그녀의 처지가 아닌 그와 어머니, 누나들의 입장만 보는 그를 정말 이해할 수 없어서 한숨이 새어 나왔다. 언젠가 그가 했던 말이 생각났다.

'나, 어려서 아버지가 일찍 돌아가셨잖아. 늦둥이에 외아들인 내게 가족들이 어머니를 모시고 살아야 한다며 일찍 장가가라고 했었다던 말'

그가 10살에 아버지를 여의고 자연스레 누나들에게서 들었왔던 그 말이 그에게 어느새 책임감과 의무감이 되었던 것이 아닐까.

그들의 대화는 문제를 해결해 나아가기보다는 늘 쳇바퀴 돌 듯 제자리를 맴돌았다. 그녀는 두려워졌다. 시간이 흘러도 해결의 기미가 보이지 않는 것만 같았다.

어느 날, 그녀는 베란다에 서서 아래를 내려다보며 혼잣말을 하고 있었다.

'여기서 그만둬도 괜찮을 것 같아!'

아이들이 하교했는지 그녀를 부르는 소리가 아주 멀리서 들려오는 듯했다. 그녀를 향해 달려 온 아이들이 말했다.

"엄마, 뭐 보고 있어요?"
"어…….. 잠깐만, 엄마가 뭘 보고 있었더라."
"엄마, 우리 거실로 가요."

큰아이가 그녀의 손을 잡았고 둘째 아이는 그녀의 등을 밀며 함께 소파로 가 앉았다.

소파에 앉아 있는 그녀를 안아주는 두 아이의 심장 소리가 강한 전율로 다가왔다. 안고 있던 아이들의 그 고사리 같은 손이 그녀를 토닥인다. 아이들이 가만가만 말을 했다.

"엄마, 왜 그래요? 힘이 없는 것 같아요."

그녀는 마음 밑바닥에서부터 치밀어 오르는 뜨거운 감정에 울컥했다.

요즘 큰아이가 밥을 몇 숟가락 뜨지 않고 식탁에서 일어나는 일이 잦다. 무슨 일이냐고 물으면 그냥 밥맛이 없다고만 했다.

며칠이 지난 어느 날, 저녁 시간이 되어도 큰아이가 돌아오지 않았다. 걱정된 그녀는 그에게 말했다.

"이렇게 연락 없이 늦는 경우가 없는데 무슨 일일까?"

"친구들이랑 노느라 연락하는 것을 잊었겠지, 기다려 보자."

밤 10시가 되어도 큰아이가 돌아오지 않자 그들은 아이의 친구들에게 연락했다. 9시쯤 헤어졌다는 말을 들었다. 그녀와 그는 학교와 공원 주변을 찾아다녔다. 어디에도 아이의 모습이 보이지 않았다. 그녀는 눈물을 훌쩍이며 경찰에 신고해야 하는 것 아니냐고 했다. 그는 조금만 더 찾아보자고 말했다. 시간은 자정이 가까워지고 있다. 눈물을 흘리며 아이를 찾던 그녀가 다시 학교로 발길을 돌렸다. 운동장 귀퉁이에 검은 그림자가 보였다. 그녀와 그는 누가 먼저랄 것도 없이 그곳으로 달려가고 있었다. 무릎에 고개를 묻은 채 아무 움직임이 없었다. 눈물범벅이 된 아이를 그녀는 품에 안았다. 그는 우두커니 서 있었다. 달빛에 비친 그의 눈에도 눈물이 고여 있었다.

며칠이 지났다. 비가 보슬보슬 내리던 날, 그와 그녀는 운동을 마친 후 차를 타고 집으로 돌아가고 있었다. 그녀는 한 번 더 용기를 내어 그에게 상담을 받으러 가자고 말했다.

"쇼윈도 부부가 아니라, 소통할 수 있는 부부로 살아가고 싶어."

그는 묵묵부답으로 운전만 하고 있었다. 그녀는 그가 그의 어머니를 생각하는 모습이 결혼 전 좋았고 그런 모습으로 그녀를 대할 것 같아 결혼하고 싶었다고 말했다. 그는 아무런 말이 없었지만 듣고 있었다. 그녀는 끊임없이 되풀이되는 상황에 마음이 답답하다는 생각이 들었다.

잠시 숨을 들이마시고 내시던 그녀가 입을 연다.

"알지? 큰아이 마음이 얼마나 섬세한지."

"응, 알아."

"아이가 전에 했던 말 기억나?"

"어떤 말?"

"가족들이 함께 모여 오순도순 이야기 나눌 때 행복하다고 했었잖아."

"아…. 그 말."

"아이가 상처받고 있잖아."

"그렇지."

"아이가 마음 아파할 것을 생각하면 두렵고, 걱정돼."

침묵으로 차 안의 공기가 채워지고 있는 듯했다. 집에 도착해 주차를 마친 그가 조심스레 말했다.

"상담에 대해 거부감이 들어. 난 아무 문제가 없어."

또다시 침묵이 흐른다.

"필요하면 아이들과 먼저 상담 시작해."

답답한 마음에 가슴이 조여온다.

'뭐, 아무 문제가 없다고. 그럼 상담 받으면 되잖아.'

이 말이 목구멍까지 차올랐지만, 더 감정적으로 다가가면 서로에게 상처가 될 것 같아 그녀는 침을 꼴깍 삼켰다.

"하지만 지금 이 상태로 살아가기 힘들어."

그녀도 불편하고 거부감이 들긴 마찬가지라고 말했다. 그렇지만 그녀는 아이들과 먼저 상담을 받아보겠다고 그에게 말했다. 그도 그렇게 시작하는 것이 좋을 것 같다고 했다.

일요일 저녁 큰아이가 그와 그녀에게 말하고 싶은 것이 있다고 했다.

"저 마음이 아주 힘들어요. 가슴도 답답하고 엄마가 아프기 전에 우리 가족 즐겁고 행복했던 것 같아요. 저는 참 밝았던 것 같고요. 그런데 지금 전 너무 슬퍼요."

잠시 말을 멈추었던 아이가 말을 이어간다.

"저 상담 받고 싶어요."

잠시 침묵이 흐른다.

"아빠, 부탁이 있어요."

"응, 뭔데."

"저에게는 엄마도, 아빠도 소중해요."

그의 눈동자가 흔들리기 시작했다.

큰아이가 말했다.

"아빠, 함께 상담받으러 한 번만 가주세요."

그는 헛기침을 두어 차례 하더니 아이에게 말했다.

"내일 아침에 말해도 될까?"

큰아이는 눈물이 그렁한 눈으로 그를 바라보며 고개를 끄덕였다. 아침을 먹던 그가 말했다.

"상담 받아볼게."

그녀는 그에게 용기를 내줘서 고맙다고 했다. 아주 잠깐이지만 그녀는 마음속으로 감사 기도를 했다.

드디어 그와 그녀는 상담을 받기 시작했다. 검사를 통해 서로의 성격에 대해 알게 되었고 자녀들의 양육에 관해 이야기를 나누었다. 서로에게 감정을 표현하는 방법에 관해 이야기 나누기도 했다. 그와 그녀는 5회기 상담을 했다. 집으로 돌아온 그는 다음 상담에 가고 싶지 않다고 말했다. 그녀가 그에게 이유를 물었다.

"자꾸 내가 무엇인가 잘못하고 있다고 말하는 것 같아 상담받을 때 불편해."

"아. 그랬구나….."

"불편한 마음을 상담사한테 말해 보면 어때?"

"지금은 싫어."

"이건 싫고 좋음의 문제는 아닌 것 같아."

"그만 말하고 싶어."

정적이 흘렀다.

"그래, 나도 이 말만 하고 그만할게. 나 또한 상담받는 과정이 쉬운 것은 아니야!"

그가 말했다.

"시간이 좀 남았으니 생각해 볼게."

그녀는 두 손으로 자신의 어깨를 감싸고 살며시 토닥이며 말했다.

"그래, 생각해 보고 말해줘."

며칠 후 그는 6회기는 가지 않고 다음 회기에 가겠다고 말했다. 더 강요하면 안 될 것 같아 그녀는 혼자 다녀오기로 했다. 6회기 상담에 다녀온 그녀는 다음 회기에는 꼭 함께 상담을 받으러 오라는 상담사의 말을 전하며 이야기를 이어갔다.

"지금은 우리가 편안한 시기는 아니래. 자신에 관해 이야기하기가 쉽지 않고, 그것을 바라보는 것에 어려움이 따른대. 하지만 여기서 그만두면 서로에게 도움이 되지 않는다고 하네."

그는 자신은 문제가 없다고 생각했는데 상담에 다녀오면 마음이 불편하다고 말했다. 그래도 다음 회차는 참여하겠다며 말을 이어갔다.

"지난번에 말했듯이 내가 남편과 아버지의 역할을 하지 못하고 있다고 말하는 것 같아."
"그랬구나…."

"난 어머니가 내 삶에서 가장 중요하다고 생각했어. 지금껏."

잠시 침묵하던 그가 입을 연다.

"상담을 받으면서 남편의 역할과 아이들에게 아빠로서 어떤 것들을 하지 않고 살아가고 있었던 건 아닐까 하는 생각이 들었어."

그녀는 잠시 생각에 잠겼다. 4회기 가족 구성원에 대한 이야기를 나누던 중 가장 의미 있게 생각하는 가족 구성원이 누구인가에 관해 이야기 나누었던 것이 기억났다. 그녀는 그라는 대답을 했고, 그는 어머니라고 답했다. 그녀는 그 이야기를 들었을 때 서운하지 않았다. 그의 말이 어머니와 그녀를 비교하는 대상이라고 생각하지 않았기 때문이다. 단지 지금까지 살아온 그의 삶을 솔직하게 표현했다는 것을 그녀는 안다. 그가 이렇게 자신의 마음을 드러내었던 적이 있었던 가. 그런데도 그의 대답에 허전한 마음이 들기는 했다.

그녀는 그에게 말했다.

"지금 심정을 이렇게 상담사에게 이야기해 보면 어때."

그가 멋쩍은 듯 말했다.

"이렇게 말할 수 있을까?"

"물론이지, 할 수 있어."

어느덧 그들은 7회기 상담을 받으러 갔다.

상담사가 2주간 어떻게 지냈는지 근황을 물었다. 잠시 침묵하던 그가 입을 열었다.

"사실 상담을 하면서 자꾸 잘못한 것 같다는 느낌 때문에 상담받는 것이 부담스러웠어요."

"어떤 부분에서 그런 마음이 들었는지 이야기해 주실 수 있나요?"

"상담 때마다 내가 남편과 아버지의 역할을 제대로 하지 못하고 있다고 말하는 것 같다는 생각이 들면서. 지금 이런 상황이 저 때문인 것 같기도 하고, 왠지 모를 허전함과 그만두고 숨고 싶은 마음이 들었어요."

"아, 그런 마음이 드셨군요. 그런데 이렇게 용기를 내어 상담에 참여하신 것에 대해 지지해드리고 싶어요."

침묵이 흐른다.

그가 숨을 크게 한번 내쉬고 말을 이어간다.

"네, 어떻게 해야 하나요. 제가 무엇을 해야 할지 잘 모르겠어요."

"힘드시더라도 현가족과의 관계를 위해서는 원가족과의 적절한 거리두기가 필요하답니다."

"적절한 거리두기요?"

"지금껏 누님들과 이야기하고 의논했던 것들을 이제 아내와 의논하는 거예요. 그리고 누님들께서 어떤 것들을 하라고 하면 아내와 상의해서 의논하고 이야기하겠다고 표현하셔야 해요."

"그렇게 한 적이 한 번도 없었던 것 같아요. 저도 누님들께 의논보다는 통보를 받은 것 같고 저 역시 아내에게 통보를 했던 것 같아요. 쉽지 않겠지만 해 보도록 하겠습니다."

그녀는 상담사와 그의 대화를 들으며 그와의 지난 시간을 떠올렸다. 그녀와 그가 생각하고 있는 원가족의 다름을 둘은 확연히 경험하고 있었다. 그녀는 결혼과 동시에 부부가 중심이 되어야 한다는 신념을 가지고 있었고, 그는 부모와 형제의 분리에 대해 생각하지 못했었다. 누나들로부터 주입된 수동적인 태도로 그의 삶을 살아왔다는 것을 그는 조금씩 알아갈수록 혼란스러워 했다. 그런 그는 그녀와 아이들을 어떻게 대해야 하는지 알지 못했음을 지금 느끼고 있다. 이런 이야기를 듣고 있던 그녀는 그가 살아오며 보였던 말과 행동이 이해

되어 안쓰러웠다. 상담을 마치고 돌아오는 길에 그가 먼저 말을 건넸다.

"난 너무 어린 시절부터 주변에서 하는 이야기에 익숙해졌나 봐."

"어떤 이야기?"

"음, 알다시피 당연히 일찍 결혼하고 엄마를 모시고 살아야 한다는 부분에만 치중이 되었던 것 같아. 상담 받으면서 남편과 아버지의 역할에 대해 인식 못했다는 것을 알게 되었어. 난 너무 어린 나이였고 엄마는 연로하셨고 지금도 누나들은 아들의 의무에 관해서만 이야기를 하고 있어. 난 그런 것들을 너무나 당연하게 받아들였어."

"지금껏 그랬지."

"빠른 시일에 변할 수는 없지만 노력해 보려 해."

그가 이런 생각을 말로 표현할 수 있다는 것에 그녀는 놀랐다.

창가로 스며드는 햇살이 유난히 포근하던 어느 날, 그녀는 친정엄마가 즐겨보던 아침마당을 시청하고 있었다. 언제쯤인지 기억나지 않는 어느 날. 엄마와 함께 아침마당을 시청하던 중 그녀가 엄마에게 물었다.

"엄마는 이 프로그램을 자주 보던데 뭐가 그리 재밌어요?"

엄마는 그녀에게 말했다.

"저 아침마당 말이야, 세상 사는 이야기보따리야. 사람들이 살아가는 삶에 대한 이야기들….

이야기보따리였던 티브이 프로그램에서 사람들이 어떻게 살아가는지를 보여주고 있었다. 마치 그녀에게 말해주려는 듯.

그녀는 어느 날 '책 친구' 독서 모임을 함께 하던 지인으로부터 연락을 받았다.

"언니, 잘 지냈어요? 몸은 어떠세요?"
"그냥저냥 지내고 있어요. 몸은 많이 회복된 것 같아요."
"언니, 아이들 좋아하잖아요?"
"네, 좋아하지요."
"제가 그림책 읽어주는 봉사 활동을 시작한지 반년 정도 지났는데 함께 봉사해 줄 사람을 찾고 있어요."
"아, 봉사 활동 시작했군요."
"우리 독서모임 때 이야기 했었잖아요. 그런데 언니 아프다는 이야기 나오고 말하기가 애매했어요."

"아, 네…."

"저랑 아이들 책 읽어주는 활동 같이해 주실 수 있으세요?"

그녀는 생각해 보겠노라 말하며 전화를 끊었다. 그녀는 두근거리는 마음을 가다듬으며 진정 그것이 하고 싶은지 자신에게 묻고 또 물었다. 하고 싶다는 내면의 강한 대답이 들렸다. 식사를 하며 앞으로 아이들에게 책 읽어주는 봉사 활동을 해 보고 싶다고 말했다. 그는 고개를 끄덕이며 호응해 주었고, 두 아이도 응원해 주었다.

봉사 활동을 시작한 지 얼마 지나지 않아 그녀는 그림책 강사로도 활동하기 시작하였다. 그녀는 외부와 소통하는 통로인 그림책 읽기 봉사 활동을 하면서 그녀가 좋아하는 그림책에서 읽었던 글들을 마음에 새겼다.

'하나의 작은 씨앗이 아름드리 큰 나무가 되어가는 과정은 수많은 나눔과 배려 사랑이 필요하다는 것 이런 과정은 자연과 인간이 다르지 않음을 기억했다.' …『진짜 나무가 된다면』 중에서

그녀는 아이들과 만나는 것이 기뻤다. 기력이 없을 때도 아이들을 만나러 가는 일만은 꼬박꼬박 지켰다. 마치 아이들을 만나는 것이 그녀의 삶의 전부라도 되는 듯….

어느덧 내일이면 10회기 상담을 받게 된다. 그가 웬일인지 먼저 그녀에게 묻는다.

"내일, 상담받는 날이지."

"응."

"내일 퇴근하고 바로 출발하자."

그녀는 잠시 그를 바라보았다.

"알았어."

그녀는 내심 놀랐다. 처음으로 상담을 받으러 가는 날에 대해 그가 먼저 이야기를 꺼냈기 때문이다.

다음날 그들은 상담을 받으러 갔다. 상담사는 두 사람이 대화 시간을 가져야 할 것 같은데 평상시에 대화를 어느 정도 하는지 물었다. 그들은 거의 대화하지 않는다고 말했다. 대화하지 않으면 소통을 할 수 없으니 두 사람이 매일 10분 대화하는 시간을 갖는 것이 어떻겠냐고 물었다. 그녀는 그렇게 하고 싶다고 했다. 가만히 듣고 있던 그가 물었다.

"어떤 대화를 해야 하나요?"

"일상에서 일어나는 것들에 대해 말씀하시면 돼요."

"음, 일상. 예를 들어 주실 수 있으세요?"

"오늘 점심때 난 미역국에 오징어 볶음 먹었어. 당신은 뭐 먹었어. 이런 이야기로 시작하시면 돼요."

"아, 전 그렇게 사소한 것을 이야기하면 시시콜콜하다고 생각했어요."

"그렇게 생각할 수 있어요. 사소한 이야기를 하다 보면 다른 이야기들로 이어지는 시간이 있을 겁니다."

그가 말했다.

"너무 사소해서 필요하다고 생각지 못했지만 한번 해 봐야겠어요."

다음 회기 때까지 잘 실천해 보라는 상담사의 말을 들으며 그들은 상담실을 나왔다.

하루 10분 대화가 어렵다고 말했던 그가 점심은 무엇을 먹었는지, 요즘 듣고 있는 음악은 무엇인지, 게임은 어떤 것을 하는지 이야기하기 시작했다. 시간을 내어 아이들과 함께 노래를 부르고 축구를 하기도 했다.

그들은 12회기 상담을 받으러 갔다.

상담사가 어떻게 지냈는지 근황을 물었다.

그녀는 무미건조하게 말했다.

"식탁에서는 밥만 먹자던 그가 요즘은 회사에서 있었던 일들에 관해 이야기하고 하루 10분 대화도 꾸준히 하려고 해요. 그가 많이 노력하고 있는 것 같아요. 그런데 저는 이런 그의 변화가 부질없다는 생각이 들어요."

잠시 침묵이 이어졌다.

"그런 생각이 드는 이유가 있나요?"

"간절히 바라던 일인데, 화가 나요. 내가 전에 많이 말했는데 잘 들어주지 않았던 것에 대해서요."

그녀는 얼굴을 들어 멀뚱멀뚱 천정을 응시한다.

"아, 그래요. 화가 나시는군요."

"네."

상담사가 그를 보며 말했다.

"이 이야기를 들으니 어떠세요."

그는 잠시 고개를 돌려 그녀를 바라보았다. 가슴 한편이 저려 오는 것을 느꼈다.

"너무 몰랐던 것 같아요. 그녀의 마음과 입장을 엄마와 누나가 우리 식구인데 무엇이 불편하냐고 말했던 적이 많았어요. 당연한 것은 없는데. 그녀 또한 편하리라 생각했고 힘들다고 말하면 늘 그랬거든요. 편하게 생각해. 지금에서야 알겠어요. 많이 힘들었다는 것과 오랫동안 기다려줬다는 것을요. 미안하고 고마워요."

그녀는 멍한 눈으로 그를 바라봤다.
상담사는 그녀에게 말했다. 이 이야기를 들으니 어떠세요.

"전 같으면 고마운 마음이었을 텐데…."

말을 멈춘 그녀가 숨을 깊게 들이마시고 내신다.

"지금은. 그냥 그래요."

그녀의 말투는 계속 무미건조했다.

상담을 마치고 그들은 집으로 돌아오는 차 안에서 이야기를 했다. 그가 하는 말이 그녀에게 들려오지 않았다. 그녀는 차갑게 그를 향해 말했다.

"왜, 내가 그동안 대화하고 싶다고 했을 땐 들으려 하지 않았어?"
"지금 하려고 하잖아."
"그래, 그런데 난 공허해!"
"또, 시작이야."

그의 말이 그녀의 가슴을 후벼 판다.

"다, 그만두고 싶어."

순간 그녀는 이대로 끝나도 좋다는 생각이 들었다. 그와 함께라면…. 그녀는 그가 잡은 운전대를 돌렸다 갑작스러운 그녀의 행동에 그가 소리쳤다.

"이러다 우리 죽어!"
"그래, 죽으면 끝나지!"

희미한 경적이 들렸다.

그는 두 손으로 운전대를 꽉 쥔 채 다급한 목소리로 말했다.

"3분이면 휴게소 도착해, 거기서 이야기하자."

그녀는 멍한 눈으로 창밖을 응시했다.
그는 진정하려는 듯 크게 숨을 들이마시고 내쉬었다.

휴게소에 주차를 마친 그가 그녀를 바라보며 물었다.

"우리 노력하고 있잖아, 왜 그래."

그녀가 고개를 돌려 그를 바라본다.

"그냥, 의미가 없어."
"어떤 것이 의미 없다는 거니?"
"지금 이러고 있는 이 상황…."
"상담받으러 오면서 매우 괴로웠어. 정말 미안해서 너무 많이 아프게 했다는 생각이 들었어. 힘든 거 알아."
"휴, 뭘 안다는 거야?"
"그동안 당신이 참 외롭고 힘들었다는 것, 그거 알지? 내가 말로 내뱉으면 지키려고 한다는 것.

그녀는 크게 숨을 몰아쉬었다. 그의 그런 말들이 의미 없게 느껴졌지만 그녀는 말하고 있었다.

"응, 알지."
"날 믿고 조금만 기다려줘."
"나, 잘 모르겠어. 지금 내 마음을….'

그가 그녀의 손을 꼭 잡았다. 그녀는 숨을 천천히 들이마시고 내쉬었다.
그가 말했다.

"노력할게."

그녀는 꺽꺽 소리를 내며 울기 시작했다. 그녀의 두 눈에서는 마치 빗물처럼 주르륵 눈물이 흘렀다. 그는 달빛에 비친 그녀의 핏기 없는 얼굴을 바라보며 그녀에게 든든한 버팀목이 되어야겠다고 다짐했다.
그날 밤에 있었던 일들에 대해서 그들은 더는 이야기를 꺼내지 않았다.

그들은 15회기 상담을 받으러 갔다. 그는 그녀와 사소한 것들을 이야기하며 아이들에 대해서도 자신이 느끼는 감정을 드러내려는 모

습을 보였다. 그녀는 지나간 것을 더는 부여잡지 않으려 했다. 상담사
는 이제 종료를 하려 한다고 말했다. 둘이 지금까지 진행해 왔던 것
중 앞으로 꼭 지키면 좋을 것들에 대해 정해보자고 했다.

"매일 10분 대화하기"
"감정을 잘 알아차려 서로에게 바라는 것을 부탁하기"
"현가족을 우선으로 하고 원가족과 분리하기"

그들은 다시 시작하리라 다짐을 했다. 그녀를 바라보는 그의 눈빛
은 더는 차갑지 않았다.

상담을 마무리 한지 한 달이 지났다. 그녀와 그는 대화를 통해 자신
들의 마음을 내보이기도 하고 때로는 삐걱거리면서 서로의 소망에
귀 기울이고 있다. 그녀는 지금 이런 순간을 지나면서 언제가 읽었던
『일기일회』의 구절이 생각났다. "삶에 어떤 불행한 일이 일어나든 내
가 이 세상에 살아 있어서 그런 상황을 겪는 것이다. 어떤 외부 상황
탓에, 세상이 잘못되고 누군가가 나빠서 내 삶이 이렇다고 생각하지
마라. 내가 나답게 삶을 자주적으로 살지 못하기 때문에 늘 문제가
발생하는 것이다."라던. 그녀는 자신을 있는 그대로 보고 이해하며
살아가야겠다고 다짐했다.

그녀에게 암은 앎의 시간이었다. 그녀는 생각했다. 그때 그 순간

삶을 놓아 버리지 않았기에 지금 울고 웃으며 세상과 함께 살 수 있다고. 그녀는 그녀만이 들을 수 있게 나지막하게 속삭였다.

'잘 견뎌냈어.'

그녀는 알아가고 있다. 앞으로의 삶도 다양한 인간관계에서 오는 문제들이 있다는 것을. 그 문제들을 '예'와 '아니오'만으로 해결하지 않아도 된다는 것을. 그 안에 무수한 해결 방법이 있다는 것을. 때로는 적절한 거리를 두며 살아가도 괜찮다는 것을. 부부로 산다는 것은 어느 한 사람의 희생으로 유지되는 것이 아니라는 것을. 여전히 그녀와 그는 서로에 대해 이해하려고 애쓰고 서로가 바라는 것이 무엇인지 귀 기울이며 때때로 슬픔과 갈등을 경험하고 그 안에서 소소한 행복을 느끼며 살고 있다.

　그녀는 갑상샘암에 걸린 후 입원, 수술, 퇴원의 과정을 통해 그와의 관계와 자신에 대해 깊게 고민한다. 그녀는 그가 '퇴원과 동시에 어머니를 모셔 와야 한다고 통보' 하는 모습을 본다. 그녀 또한 어머니를 모셔 와야 하는 것이 문제가 되지 않는다는 것은 누구보다 잘 알고 있다. 퇴원하려는 상황에서 자신이 이해받지 못한다는 불편함과 그가 말하는 것을 당연히 따라야 하는 존재로 그녀를 대하고 있는 그의 태도에 대해 갈등한다. 그녀는 그와 소통되지 않는 것에 대해서 괴로워하며 소통의 단절로 인해 삶의 의미가 없다고 느끼자 우울감이 생긴다. 그녀는 생을 마감해도 괜찮을 것 같다고 생각한다.

　그들에게 표면적으로 드러난 것은 아이의 힘든 마음이지만 가족들의 이면으로 들어가 채워지지 않은 서로에 대한 바람을 살피고 요청을 하며 서로 들어주거나 거절하며 조율해 가는 과정을 상담을 통해 지속적으로 배우게 되었다. 부부 관계에 대해 그들은 부부로 관계를 맺는 것보다 어려운 것이 지속임을 알게 되었다. 서로의 노력과 배려가 필요하다는 것을 인식한 그들은 상담을 통해 각자 자신을 이해하고 상대를 알아가는 시간이 되었다는 것을 안다. 그는 상담사에게 "그녀와 대화하지 못했던 이유는 일상적인 말은 할 필요가 없다고 생각했었기 때문"이라고 말했다. 상담사는 부부이기에 사소하고 일상적인 대화가 필요하다고 이야기했다. 그는 상담사와의 대화를 통해 그녀에게 소소한 일상을 말하기 시작했다. 이는 그가 상담을 통해 변화해 가는 과정을 보여 주는 장면이다. 15회기 상담은 그들에게 사소하다고 생각하는 일상이 절대 사소하지 않다는 것을 깨닫게 했다. 바로 그들이 시작한 '하루 10분의 대화'를 통해 차츰 그들의 대화 시간이 늘어나고 있음을 보여준다. 결혼은 새로운 가족의 탄생이다. 그는 현가족의 관계를 위해 원가족의 분리와 독립이 필요하다는 것을 인식하며 상담에서 배운 것들을 시뮬레이션하며 실천해가고 있다.

함께 해요

1. 그녀가 자신이 빈껍데기만 남은 것 같다고 한 말은 어떤 의미일까요?

_____

_____

_____

_____

2. 그녀가 힘든 순간을 살아갈 수 있었던 힘은 무엇이었을까요?

_____

_____

_____

_____

3. 부부관계의 지속을 위해 어떤 것들이 필요한가요?

_____

_____

_____

_____

4. 그가 상담 받는 것에 대해 거부감을 느낀 까닭은 무엇일까요?

_____

_____

_____

_____

_____

5. 그녀는 상담 과정을 통해 그가 변화되어가는 것을 경험합니다. 그러나 그것이 의미 없게 느껴진 이유가 무엇이었을까요?

_____

_____

_____

_____

_____

저자 박미옥

·한림대학교 생명교육융합 협동과정 생사학 석사 수료
·강원도 춘천교육지원청 학습종합클리닉 기초학습지원단

이 야 기
우 리 가
살아가는 힘

제4장

소중한 생명의 이야기

1 농부한테는 비밀이야

용채은

#여름

"우르르 쾅쾅!"

언제나 티격태격하던 천둥과 번개는 자주 힘겨루기를 하곤 했다.

"넌 항상 나보다 한발 늦잖아. 내가 너보다 더 세다는 걸 이제 그만
인정하지 그래?"

"큰 소리도 내지 못하면서 어딜 감히! 네가 더 빠를지 모르지만 힘은
내가 더 세!"

늘 서로에게 경쟁심을 가지고 있던 천둥과 번개는 자신의 힘이 더
세다며 자주 말싸움을 하곤 했다. 그러던 어느 날, 여느 때처럼 말싸

움을 하던 천둥과 번개는 힘겨루기 할 곳을 찾다 하늘 아래 어느 시골마을을 발견하게 되었다.

"내 힘을 보여주기엔 저 아래 보이는 시골마을이 딱 인 것 같아. 천둥, 저 마을의 농작물[1]들을 더 많이 쓰러트리는 사람이 내기에서 이기는 것으로 하는 게 어때?

"좋아! 오늘 밤, 번개 너는 그동안 보지 못한 무시무시한 힘을 보게될 테야."

그날 밤 모두가 잠든 시골마을은 한적하고 평화로웠다. 캄캄한 밤하늘에는 총총 수놓아진 별들이 반짝이고 있었고 빠르게 지나가 버린 무더운 여름밤이 아쉽다는 듯 귀뚜라미의 울음소리만 가득했다.

"우르르 쾅쾅!"

평화로운 시골마을에 갑자기 시끄러운 소리가 들려왔다. 어두워진 먹구름을 뚫고 약속했던 대로 천둥과 번개의 힘겨루기가 시작된 것이었다. 땅으로 떨어지는 빠른 속도의 빛과 함께 들려오는 커다란 소음은 시간이 지날수록 점점 거세졌고, 강한 폭풍까지 몰아치기 시작했다.

---

1. 논밭에 심어 가꾸는 곡식이나 채소.

"훗. 이것 봐 천둥! 내 날렵함과 힘이 이 정도야. 이 세상에서 나보다 빠른 것은 없다구!"

"이봐 번개! 내 소리 때문에 저기 잠자고 있던 벼들이 다 놀라서 벌벌 떨고 있는 거 안 보여? 내가 이긴 것 같은데?"

"무슨 소리야? 쟤네들은 내 벼락에 맞아 죽을까봐 떨고 있는 거야!"

천둥과 번개의 싸움은 끝날 기미가 보이지 않았고, 둘의 싸움에 결국 굵은 빗방울까지 떨어지기 시작했다. 하늘에서 계속되는 싸움으로 인해 저 아래 땅에서는 비바람과 함께 애꿎은 울음소리만 점점 거세지고 있었다.

"아아악! 바람이 너무 강해서 마음대로 움직일 수가 없어. 누가 좀 도와주세요!"

"마른하늘에 날벼락도 아니고 갑자기 이게 무슨 일이람. 내가 이렇게 쓰러지다니. 그 긴 여름을 어떻게 버텨냈는데...!"

"온몸이 너무 아파. 난 이제 어떻게 하지? 나무에서 떨어졌으니 더는 살아갈 방법이 없어 흑흑..."

구슬피 들리는 울음소리는 먹다 버려져 형체가 일그러진 토마토와 여름 장마를 견뎌내고 꿋꿋이 살아남은 벼 그리고 나무에서 떨어진 감의 것이었다.

지난 여름날, 발갛게 잘 익은 토마토는 누군가에 의해 먹다 버려져 꼭지와 과육[2]만 조금 남은 상태였다. 그런 토마토는 원래의 제 무게보다 가벼워서 천둥과 번개의 힘겨루기로 인한 폭풍우 때문에 이리저리 바람에 날아가다 결국 흙더미에 떨어져 버리고 말았다.

매년 시골마을에서 가장 많은 수확량[3]을 차지해온 벼들은 여름 장마도 잘 버텨내고 곧 다가올 가을 추수[4]만을 기다리고 있었다. 그러나 갑자기 불어 닥친 폭풍우에 제 몸을 가눌 새도 없이 점차 힘이 빠져버

2. 열매에서 씨를 둘러싸고 있는 살.
3. 농작물을 거두어들인 양.
4. 가을에 익은 곡식을 거두어들임.

렸고, 벼들은 하나둘씩 쓰러지다 결국 와르르 무너지고 말았다.

자그마했던 몸집이 커지고, 탐스럽게 익어가며 가을맞이를 준비하던 감도 예상 밖의 폭풍우를 만나 버티고 버티다 그만 나무에서 떨어지고 말았다.

그렇게 갑작스럽게 마주친 폭풍우로 인해 누가 더 먼저, 누가 더 많이 랄 것도 없이 토마토와 벼, 감을 비롯한 시골마을의 농작물들은 모두 슬픔과 좌절[5]에 빠져있었다.

물론 양파도 예외는 아니었다.

다음날, 거센 폭풍우가 지나간 시골마을은 매우 분주하고 소란스러웠다. 마을의 농부들은 폭풍우로 인한 피해를 수습하느라 정신이 없었다.

그때, 어디선가 작고 힘없는 목소리가 들려왔다. 이는 얼마 전 처음으로 밭에 심어진 매우 작고 여린 아기 양파의 것이었다.

"윽 온몸이 욱신거리고 아파... 이럴 수가! 오른쪽 어깨가 완전히 까져버렸잖아! 움직일 때마다 쑤시고 아프고, 팔을 움직이기가 엄청 힘드네. 이를 어쩐다... 예쁜 모습으로 잘 크고 싶었는데..."

---

5. 마음이나 기운이 꺾임.

슬픔이 가득한 목소리로 속상해하고 있는 양파에게 누군가 말을 건넸다. 자세히 들어보니 벼의 목소리였다.

"어머 양파야 어깨를 다쳤나 보구나! 그 작고 여린 몸으로 얼마나 아팠을까. 많이 힘들어 보이는데 좀 괜찮니?"

"벼야... 온 몸이 쑤시고 아픈 것 같아. 지금 보니 어깨도 까져있고, 여기저기 상처도 난 것 같아서 걱정이야. 나도 너처럼 멋진 모습으로 잘 크고 싶었는데 너무 속상해 흑흑."

양파는 안부를 묻는 벼에게 속상함을 털어놓았고, 벼는 그런 양파를 안쓰럽게 바라보았다.

"양파야, 걱정하지 마. 나도 지난여름 동안 얼마나 많은 비를 맞고 다치고 또 견디기 위해 노력했는지 몰라. 그런데 이렇게 거센 비를 맞고서도 양파 네가 이 정도밖에 다치지 않았다는 건 그만큼 튼튼하다는 증거가 아닐까? 분명히 곧 다시 새살이 차오르고 건강해질 거야!"

양파는 용기를 북돋아주는[6] 벼의 말에 매우 고마워하며, 그에게 안부[7]를 물었다.

---

6. 북돋우다. 기운이나 정신 따위를 더욱 높여 주다.
7. 어떤 사람이 편안하게 잘 지내고 있는지 그렇지 아니한지에 대한 소식.

"그러고 보니 벼야, 너는 친구들과 함께 모여 있는 걸 보니 다행히 폭풍우를 잘 견뎌냈나 보구나!

"아니야. 우리도 하마터면 밤사이 모두 빗물에 쓸려갈 **뻔했지** 뭐야. 다행히 농부 아저씨가 우리를 빨리 발견하고는 다시 일으켜 세워 주었어. 그래서 지금은 이렇게 친구들과 서로 손을 맞잡고 함께 지내고 있지. 함께 있으면 버텨내기가 더욱 쉽거든!

"그랬구나. 정말 멋지다! 벼야 그동안 너무 고생 많았어. 추수 때까지 건강하게 잘 지내길 바랄게!"

"고마워 양파야. 너도 분명 멋진 모습으로 자랄 수 있을 거야. 그리고 혹시나 슬프거나 힘든 일이 생기면 네 옆에 좋은 친구들이 많이 있고, 또 농부 아저씨도 계시다는 걸 잊지 않았으면 좋겠어!"

봄여름 내내 수많은 위기를 견디며 성장한 벼는 이제 막 자라기 시작한 양파에게 자신이 경험했던 것들을 이야기해주며 위로와 용기를 건넸다. 양파도 진심을 담아 이야기해주는 벼에게 고마움을 전하며, 그동안 고생한 벼를 위해 축하와 응원을 보냈다.

"벼야, 지금부터는 네가 간직했던 꿈을 마음껏 이루기를 바라!"

가을

무더위가 지나간 시골마을은 선선한 바람과 따사로운 햇볕 아래 잠자리 떼가 날아다니고, 논밭에는 금빛 물결이 일렁였다. 가을이 시작된 것이다. 어린 모종[8]에서 제법 탐스러운 모습을 갖추기 시작한 양파도 다가올 겨울을 잘 지나 보내고자 아주심기[9]를 위해 거름[10]을 준 밭으로 이사를 갔다.

양파는 새롭게 이사 온 밭에서 흙더미에 묻힌 작은 형체[11]를 발견하게 되었다.

이는 흙먼지를 뒤집어 쓴 상처투성이의 토마토였다. 지난 늦여름, 누군가에 의해 먹다 버려진 토마토는 천둥번개의 힘겨루기 때문에 갑작스러운 폭풍우를 만나면서 바람에 날아가다 흙더미에 떨어져 버리고 말았다. 그렇게 어딘지 모를 곳에 떨어진 토마토는 여기저기 긁히고 부딪힌 탓에 원래의 빨갛고 탐스러운 모습은 사라지고 망가진 흙투성이의 모습만 남아있었다. 토마토는 자신의 망가진 모습을 한탄하며 한숨을 내쉬었다.

---

8. 옮겨 심으려고 가꾼, 벼 이외의 온갖 어린 식물. 또는 그것을 옮겨 심음.
9. 온상에서 기른 모종을 밭에 내어다 제대로 심는 일.
10. 식물이 잘 자라도록 땅을 기름지게 하기 위하여 주는 물질.
11. 물건의 생김새나 그 바탕이 되는 몸체.

'난 이제 끝났어. 이렇게 망가진 내 모습을 누가 봐주겠어... 아무도 날 좋아하지도 도와주지도 않을 거야...'

토마토가 좌절하며 슬퍼하고 있던 찰나, 어디선가 말소리가 들려 왔다.

양파 밭 위로 빼꼼히 고개를 내밀고 인사를 건네는 양파의 목소리 였다.

"저기, 애! 혼자 그러고 있으면 외롭고 심심하지 않니? 괜찮으면 나랑 같이 있지 않을래? 사실 나도 이곳으로 이사 온지 얼마 되지 않아서 조금 심심했거든. 우리 같이 놀자!"

그러나 토마토가 바라본 양파는 다른 양파 친구들과 함께 있어서 전혀 심심해보이지 않았다. 토마토는 그들과 전혀 다른 자신의 모습 이 창피했고, 혹시나 놀림을 받지는 않을까 걱정이 되어 선뜻 대답하 지 못했다. 그 모습을 본 양파가 다시 말을 건넸다.

"우와~ 넌 어쩜 그렇게 탐스러운 빨간 옷을 입고 있니? 아 맞다. 넌 초록색도 가지고 있지? 진짜 부럽다 토마토야. 나는 매일 하얀색 옷만 입고 있어서 여러 가지 색깔 옷을 입을 수 있는 친구들이 정말 부러웠 거든."

"아냐. 양파 넌 나보다 훨씬 예쁜걸. 넌 나처럼 버려지지 않았잖아...
빨간색도 흙더미에 묻혀서 이제 더는 보이지 않아."

"그래? 전혀 몰랐어! 사실 난 너무 하얘서 흙먼지가 조금만 묻어도
티가 잘 나는데 너는 빨개서 그런가? 별로 티가 안 나는 것 같아. 오히
려 난 네가 부러운 걸?"

양파의 말을 들은 토마토는 뜻밖의 칭찬에 쑥스러우면서도 내심
기분이 좋았다. 그리고 형편없는 자신의 모습을 보고도 먼저 말을
건네주는 양파가 무척 고맙기도 했다. 토마토는 양파와 이야기를 나
누며, 땅 아래 깊이 뿌리를 내리고 무럭무럭 커가는 양파처럼 자신도

언젠가는 잃어버린 생기[12]를 되찾고 탐스러운 열매를 맺을 수 있지 않을까 생각했다.

"양파 너의 말이 정말 위로가 되었어. 나도 너처럼 밝고 힘찬 모습을 다시 되찾고 싶다는 생각이 들어. 네 말을 들으니 지금 내 모습도 꽤 괜찮은 것 같지만 더 나은 내가 될 수 있도록 자신감을 가져볼게. 고마워 양파야!"

그렇게 토마토와 양파는 친구가 되었고, 토마토는 조금씩 다시 생기를 찾기 시작했다.

시골마을의 가을은 열심히 일궈낸 농작물들을 거두어들이는 매우 바쁜 계절이다. 여느 때처럼 마을의 농부들은 수확한 곡식과 여러 농작물을 실어 나르느라 무척 분주한 모습이었다.

양파가 지내는 밭은 농부의 집과 매우 가까워 수확한 작물들이 하나둘씩 쌓여가는 모습을 볼 수 있었다. 양파와 친구들은 점점 가득해지는 농부의 광[13]을 보고 뿌듯해하곤 했다. 그런데 평소처럼 행복한 웃음소리가 들려야 할 농부의 수레[14]에서 이상하게도 구슬픈 울음소리가 들려왔다.

---

12. 싱싱하고 힘찬 기운.
13. 세간이나 그 밖의 여러 가지 물건을 넣어 두는 곳.
14. 바퀴를 달아서 굴러가게 만든 기구. 사람이 타거나 짐을 싣는다.

"흑... 이제 다 끝났어. 도대체 날 어디로 싣고 가는 거지? 너무 무서워... 난 아직 죽고 싶지 않은데 흑흑..."

농부의 수레를 자세히 살펴보니, 온몸에 흙먼지를 뒤집어쓴 감이 서럽게 울고 있었다.

지난여름, 천둥과 번개의 힘겨루기로 인해 큰 폭풍우가 몰아치던 날 밤, 나무에 매달려 비바람을 버티던 감은 한꺼번에 너무 많은 체력[15]을 써버린 탓에 얼마못가 그만 나무에서 떨어지고 말았다. 감은 더 이상 자랄 수 없다는 생각에 앞으로 살아갈 의미를 잃어버렸다고 생각했다. 그렇게 땅바닥에서 몇 날 며칠을 구르고 채이던 감은 지나가던 농부의 눈에 띄어 수레에 실려 오게 된 것이다.

춥고 배고픈 날들을 버티느라 온 힘을 다 써버린 감은 몸이 점점 나른해지고 눈이 감겨오는 것을 느꼈다.

'엇, 내 몸이 왜 이러지? 어지럽고 힘이 하나도 없어. 나 진짜 죽는 건가봐...!

그때였다. 누군가 다급하게 감을 부르는 소리가 들려왔다.

---

15. 육체적 활동을 할 수 있는 몸의 힘. 또는 질병이나 추위 따위에 대한 몸의 저항 능력.

"이봐 친구야! 정신차려봐! 눈 좀 떠봐 감아! 이대로 쓰러지면 안돼!"

애타게 자신을 부르는 목소리에 감은 힘들게 눈을 뜨며 소리가 나는 쪽을 쳐다보았다. 하얀 얼굴에 동그란 눈을 부릅뜨고 자신을 향해 소리치는 양파의 모습이 보였다.

"감아, 정신이 들어? 힘들겠지만 조금만 힘을 내서 나 좀 봐봐!
"흑 양파야... 나는 이제 어떻게 하면 좋을까? 말 할 힘조차 없는 내가 뭘 할 수 있겠어... 흑흑..."
"그래 감아, 지금처럼 힘을 내서 나를 봐줘. 너에게 도움이 될지는 잘 모르겠지만 난 이곳에서 너처럼 아픈 모습으로 수레에 실려 오는 친구들을 아주 많이 보아왔어. 그런 내가 장담하는데 넌 절대 이대로 쓰러지지 않을 거야. 네가 이곳까지 온 데는 다 이유가 있을 거야!"
"아니야 너는 절대 모를 거야 지금 내 마음이 어떤지... 나처럼 쓸모 없는 애들은 차라리 이대로 죽는 게 나아...!"

양파는 감이 희망을 잃지 않기를 바랐지만, 이미 모든 생기와 힘을 잃어버린 감에게는 아무런 도움이 되지 않는 것처럼 보였다.

죽은 목숨이라고 생각하며 좌절하던 감은 농부의 집에 딸린 자그마한 광으로 옮겨졌다. 그곳에는 감과 비슷한 모습을 하고 있는 다른 친구들이 아주 많았다. 하지만 그들은 슬퍼하는 감과 달리 행복한 웃음을 짓고 있었다.

'여긴 어디지? 난 버려지는 게 아니었나? 내가 왜 이곳으로 오게 된 거지?'

혼란스러워 하는 감을 뒤로하고, "끼이익" 하는 소리와 함께 광의 문이 활짝 열렸다. 어두운 공간에 햇빛이 들어차고, 시원한 물줄기가 쏟아짐과 함께 흙먼지를 뒤집어쓰고 있던 감에게도 새로운 세상이 시작되고 있었다.

겨울

붉은 단풍의 계절이 지나, 새하얀 눈의 계절이 돌아왔다. 겨울은 매우 춥고 땅이 금방 얼어버려서 농작물이 자라기 쉽지 않은 시기지만, 지난여름과 가을 동안 아주심기를 해둔 양파는 고맙게도 그 추위를 아주 잘 견뎌내 주고 있었다.

겨울이 되자, 친구도 줄고 할 일이 없어 심심해진 양파는 이리저리

기웃거리다 농부의 집 대문 사이로 주렁주렁 매달린 곶감[16]을 보게 되었다. 양파는 먹음직스러운 빛깔을 뽐내는 곶감 중 어딘가 낯익은 얼굴을 발견했다. 그는 놀랍게도 지난 가을, 농부가 싣고 온 수레 속에서 다 쓰러져 가던 감이었다.

당시[17], 농부의 수레에 실려 광으로 오게 된 감은 그곳에서 자신과 닮은 모습의 다른 감 친구들을 비롯해 사과, 고구마 등 여러 친구를 만나게 되었다. 이들은 모두 제각기 상처를 입은 모습이었지만 매우 밝고 씩씩했다. 그 모습을 보고 감은 생각했다.

'나만 다치고 아픈 게 아니었구나. 그래, 양파 말이 맞았어. 난 버려지는 게 아니었어!'

감은 농부의 손길에 의해 흙먼지를 씻어내고 상처입어 쓰라린 제 껍질을 과감히 벗어버렸다. 하지만 감은 더 이상 두렵지 않았다. 자신을 돌봐주는 농부와 자신을 위로하고 인정해주는 친구들이 있기에 껍질 아래 감추고 있던 붉은 제 모습을 완연히[18] 드러낼 수 있었던 것이다.

그렇게 시간이 흐르고 12월이 되어, 살아갈 이유를 잃어버렸던 감

---

16. 껍질을 벗기고 꼬챙이에 꿰어서 말린 감.
17. 일이 있었던 바로 그때. 또는 이야기하고 있는 그 시기.
18. 흠이 없이 완전하게.

은 곶감이라는 새로운 모습을 하고 양파와 다시 만나게 되었다. 양파와 곶감은 눈을 맞추고 서로 웃어 보였다.

"내가 이렇게 새로운 모습으로 다시 살아갈 수 있었던 건 다 쓰러져 가는 나를 구해준 네 덕분이야. 정말 고마워 양파야!"
"감아, 난 네가 분명히 다시 일어설 수 있을 거라고 믿었어. 지금 네 모습을 봐. 정말로 멋지게 해냈잖아!"

곶감의 모습으로 새롭게 탄생한 감은 양파에게 고마움을 전하며 과거, 양파가 자신에게 해주었던 용기의 말을 떠올렸다.

'감아, 꼭 지금의 네 모습이 아니더라도 얼마든지 더 멋진 모습이 될 수 있을 거야. 걱정하지 말고, 두려워하지 말고 다른 방법을 찾아보는 거야! 넌 어떤 모습이든지 멋있으니 자신감을 가져!'

다시, 봄

어느덧 하얀 눈이 녹아내리고 시골마을에도 따스한 봄기운이 찾아왔다. 파릇파릇한 나뭇잎이 생기를 띄우고 노란 개나리가 활짝 피어나고 있었다. 해가 지고 저녁이 되자, 시골마을에는 졸졸졸 흐르는 시냇물 소리만 가득했다. 모두들 이를 자장가 삼아 잠이 들던 찰나였다.

"우르르 쾅쾅!"

천둥과 번개의 소리였다. 둘은 지난여름 채 끝내지 못한 힘겨루기 승부를 위해 다시 시골마을을 찾았다. 그러다 연약해 보이는 양파 밭을 공격하기 시작했다. 하지만 이번만큼은 아무리 힘이 센 천둥과 번개, 비바람이라도 쉽게 양파 밭을 망가트릴 수 없었다.

"천둥, 번개 너희가 아무리 큰 비바람을 몰고 와도 상관없어! 결국 제풀에[19] 지쳐 쓰러지는 것은 너희가 되고 말거야!"
"훗. 무슨 소리! 한낱 양파 주제에 감히 어딜 덤벼!"
"우린 너희와 달라. 적어도 몇 달의 시간 동안 이곳에 뿌리를 내리고 몸집을 키워서 아주 강하고 단단해졌어. 아무 노력도 없이 그저 여기저기 힘자랑만 해대는 너희가 뭘 알겠니? 어리석은 짓은 그만하고 돌아가!"

당당히 소리치며 맞서는 양파의 모습에 주춤한 천둥과 번개는 오

---

19. 내버려 두어도 저 혼자 저절로.

히려 더 세게 양파를 공격하려 했다. 양파는 거센 천둥과 번개의 힘에 조금씩 몸이 기우는 것을 느꼈지만 비바람을 맞으면서도 눈을 피하지 않았다. 그러던 찰나, 갑자기 양파의 온몸에 따뜻함이 감돌기 시작했다. 누군가 양파의 머리 위로 하얀 비닐을 덮어준 것이다. 덕분에 양파는 더는 피해를 입지 않게 되었고, 이에 당황한 천둥과 번개는 자신들의 공격이 아무 소용이 없다는 것을 알게 되자 더는 힘을 쓰지 못하고 돌아갈 수밖에 없었다.

천둥 번개가 사라지고 다시 잠잠해진 시골마을은 새벽녘부터 보슬비[20]가 내리기 시작했다. 지난 밤 힘든 싸움을 이겨 낸 양파도 시원한 비를 맞으며, 비닐을 들고 걸어가는 농부를 바라보았다. 그리고는 웃으며 말했다.

"조금 있으면 나도 이곳을 떠나겠지? 정이 많이 들어서 아쉽지만, 새로운 곳에서는 또 어떤 신나는 일이 벌어질까? 그곳에서 새로운 친구들도 만날 수 있겠지? 너무 설레고 기대되는걸!"

양파는 곧 다가올 수확 철을 맞이하여, 새로운 곳에서의 새로운 만남을 기약하며 기대와 설렘에 부푼 채 잠이 들었다.

---

20. 바람이 없는 날 가늘고 성기게 조용히 내리는 비.

얼마 후, 양파는 정들었던 밭을 떠나 새로운 곳으로 떠날 준비를 했다. 그때, 초록빛의 작은 토마토들이 양파에게 말을 건넸다. 이는 지난 가을, 양파와 친구가 되어 우정을 나누었던 토마토에 의해 세상에 남겨진 작고 귀여운 아기 토마토들이었다.

"흑 그동안 정이 많이 들었는데 이렇게 헤어진다니 너무 아쉬워요. 그동안 엄마와 저희를 사랑으로 대해주셔서 감사해요."

"아니야. 오히려 내가 너희에게 사랑을 줄 수 있어서 매우 행복했단다. 너희들도 엄마 토마토에게 받은 사랑과 영양분[21]으로 멋지고 튼튼하게 자라서 다시 만나자꾸나!"

아기 토마토들은 새로운 곳으로 떠나는 양파에게 고마움과 마지막 인사를 전했고, 양파는 뿌듯하다는 듯이 웃어보였다.

그렇게 양파는 정들었던 밭을 떠나 갖가지 곡식과 채소 친구들이 있는 농부의 광으로 이동하면서 정든 시골마을을 둘러보았다. 따스하게 내리쬐는 햇볕과 친구들의 행복한 웃음소리 그리고 새로운 시작에 대한 설렘까지, 참으로 기분 좋은 날이었다.

---

21. 생물이 살아가는 데 필요한 에너지와 몸을 구성하는 성분을 외부에서 섭취하여 소화, 흡수, 순환, 호흡, 배설을 하는 과정. 또는 그것을 위하여 필요한 성분.

　　<농부한테는 비밀이야>는 사계절을 통해 더욱 단단하게 성장하는 양파를 비롯한 여러 농작물의 이야기를 담고 있다. 한적한 시골마을에 천둥, 번개가 힘겨루기를 하기 위해 폭풍우를 휘몰고 오면서 여러 농작물이 큰 피해를 입는다. 작고 연약한 몸에 상처를 입고 좌절해있던 양파는 벼를 만나 용기와 희망을 얻고, 이후 봄, 여름, 가을 그리고 겨울을 겪으며 토마토와 감에게 용기와 자신감을 불어 넣어주는 존재로 성장한다. 양파 덕분에 계절을 잘 버텨낸 토마토는 땅 속에 뿌리를 내리고 새로운 열매를 맺게 되고, 바닥을 뒹굴던 감은 먹음직스러운 곶감으로 재탄생한다. 이후 천둥, 번개가 다시 등장하지만 양파는 쓰러지지 않고 맞서다 농부의 도움으로 악당을 물리친다.

　　아동 및 청소년을 주 독자층으로 설정한 이 작품은 위기상황에 놓인 여러 자연물을 통해 위기를 극복하고 이들이 오롯이 성장해가는 과정을 보여주고 있다. 그 중 천둥과 번개는 힘을 과시하기 위해 농작물을 괴롭히는 악당(또는 가해자)역할로서 주인공에게 지속적인 위기와 시련을 제공한다. 농부는 농작물을 사랑과 정성으로 기르고 보살피며 위기의

순간 이들을 도와주는 조력자 역할을 하고 있으며, 벼 또한 어린 양파에게 자신의 경험담을 통해 위로와 조언을 건네주고 있다. 아주심기를 통해 더욱 강하고 단단해진 양파는 쉽게 쓰러지지 않는 모습으로 여러 친구들에게 희망과 용기를 북돋아주고 자신을 위협하는 천둥과 번개에게 지지않고 맞선다. 따라서 양파는 '강한 정신력'과 '매섭고 당찬 성격'을 상징한다. 먹다 버려져 좌절해있던 토마토는 양파를 만나 위기를 극복하고 아기 토마토를 남기고 떠난다. 이에 토마토는 '자생력'과 '희생정신'과 관련된다. 나무에서 떨어져 쓰러져가던 감은 겨울이 되어 곶감으로 재탄생한다. 이에 감은 '인내심'과 '변화무쌍함' 그리고 타이밍의 중요성을 상징한다.

우리는 세상을 살면서 유익한 경험과 좋은 인연을 많이 만들게 되지만 때로는 그렇지 못한 상황 또는 관계를 접할 수도 있다. 특히 몸과 마음이 커가는 성장의 과정에서는 크고 작은 어려움이 성인보다 더욱 빈번하게 따를 수 있다. 그러나 이 시기의 아동 및 청소년들은 위기상황을 대처할 수 있는 방법에 대해서는 잘 알지 못하는 경우가 많다. 따라서 이 작품을 통해 위기의 직면과 극복의 과정을 다양한 자연물과 계절에 빗대어 표현함으로서 이를 지나가는 성장의 과정으로 바라볼 수 있도록 하며, 앞으로 맞닥뜨릴 고난과 위기상황을 보다 수월하고 온전하게 헤쳐 나갈 수 있는 방법을 모색하는데 도움이 되고자 한다.

함께 해요

1. 양파는 '아주심기'를 통해 어떤 성격을 지니게 되었을까요?

_____

_____

_____

_____

_____

2. 쓰러져가던 감이 새로운 모습으로 재탄생할 수 있었던 이유는 무엇일까요?

_____

_____

_____

_____

_____

3. 작품에서 생명의 소중함이 드러나는 부분을 이야기해보세요.

_____

_____

_____

_____

_____

4. 작품에서 위기극복과 관련된 가장 인상 깊은 장면을 그림으로 그려보
세요. (등장하는 인물과 계절을 묘사하기)

저자 용채은

·한림대학교 생명교육융합 협동과정 생사학 석사
·주요 연구
「Body mass index, subjective body shape, and suicidal ideation among community-dwelling Korean adults」(2021)
「객관적 체형과 주관적 체형인식 간의 차이가 자살생각에 미치는 영향」(2019)
「노인의 객관적 체형과 주관적 체형인식 간의 불일치가 자살생각에 미치는 영향」(2019)

이 야 기
우 리 가
살아가는 힘

2 버려진 차돌과 숨겨진 바위

이정은

하얀 아카시아 꽃이 활짝 핀 늦봄 어느 날 아침이었습니다. 마을 어귀에서 갓난아기의 울음소리가 들렸습니다. 아침 일찍 농사일을 나가던 노부부[1]는 갓난아기의 울음소리가 나는 곳으로 달려갔습니다. 갓난아기는 허름한 강보[2]에 싸인 채 버려져 있었습니다. 할머니는 얼른 아기를 품에 안았습니다. 품에 안긴 아기는 금세 울음을 멈추었습니다. 할아버지는 주변을 살펴보았으나, 아무도 없었습니다.

"아무래도 누가 아기를 버리고 간 것 같아요.... 딱해라."
"그 녀석, 방긋방긋 잘도 웃네. 우선 우리 집에 데려갑시다."

---

1. 늙은 부부.
2. 어린아이의 작은 이불.

　노부부는 아기를 차돌이라고 불렀습니다. 아기가 차돌[3]처럼 강하게 살아가기를 바라는 마음을 담아 지어준 이름이었습니다. 노부부의 보살핌으로 차돌이는 이름처럼 건강하게 자랐습니다.

　차돌이가 여섯 살쯤 되었을 때의 일입니다. 할아버지는 지게[4]를 지고 땔감[5]을 장만하러 산에 가고 있었습니다. 그때 고사리처럼 작은 손이 할아버지의 손을 슬그머니 잡았습니다.

---

3. 이산화규소로 이루어진 규산염 광물. 야무진 사람의 비유.
4. 짐을 얹어 사람이 등에 지는 기구.
5. 불을 때는 데 쓰는 재료. 땔거리.

"차돌이구나."

"네, 할아버지. 나무하러 가세요?"

"그렇단다. 추운데 왜 나왔니?"

"할아버지를 도와드리고 싶어서요."

할아버지를 돕기 위해 산에 간 차돌이는 부지런히 땔감을 주웠습니다. 차돌이 덕분에 할아버지의 지게는 금세 땔감으로 가득 찼습니다. 할아버지는 그런 차돌이가 기특했습니다.

무럭무럭 자라 청년이 된 차돌이는 마을에 없어서는 안 될 일꾼이 되었습니다.

"차돌아, 우리 집 외양간을 손봐야 하는데 와서 좀 도와주겠니?"

"네. 도와드릴게요."

"차돌아, 우리 집에도 잠깐 들러주겠니? 밭에 할 일이 너무 많아서 말이야."

"네, 이영감님 댁에 갔다가 곧바로 가겠습니다."

차돌이는 힘든 일도 마다하지 않고 마을 사람들이 부탁하는 일을 자기 일처럼 열심히 했습니다. 그리고 마을 사람들은 성실한 차돌이를 좋아했습니다.

어느 봄날, 할머니가 돌아가시고 얼마 지나지 않아 할아버지도 병석에 눕게 되었습니다.

"차돌아, 나는 오래 못 살 것 같다. 너 혼자 남게 되었으니 어쩌면 좋으냐..."

"할아버지, 빨리 나으세요. 제가 열심히 일해서 할아버지를 잘 모실게요."

"너는 나무랄 데가 없는 아이였어. 우리가 가진 게 없어서 너를 많이 고생시켰구나. 미안하다."

"아니에요, 버려진 저를 이렇게 키워주시고 사랑해주셨잖아요."

"차돌아, 너는 하늘이 우리에게 주신 선물이었단다. 고맙다."

그해 봄이 끝나기도 전에 할아버지마저 돌아가시고, 차돌이는 자신의 생계를 혼자 꾸려야 했습니다. 차돌이는 마을 사람들의 일을 해주고 받은 품삯[6]으로 근근이 살아가고 있었습니다.

그 마을에는 차돌이와 같은 또래의 석이라는 청년이 엄마와 단둘이 살고 있었습니다. 석이아빠는 석이가 태어난 지 얼마 되지 않아 갑자기 돌아가셨습니다. 석이가 세 살이 되었을 때 집에 불이 나서 석이엄마의 얼굴은 흉하게 일그러졌고, 한쪽 다리를 다쳐 거동도 불

---

6. 어떤 일에 드는 힘이나 수고의 대가로 주는 돈이나 물건.

편하게 되었습니다. 석이는 무슨 이유인지 모르겠지만 잔병치레를 많이 했고, 바깥출입도 거의 하지 않았습니다. 석이아빠가 살아있을 때 농사를 짓던 땅도 지금은 황무지가 되어버렸습니다. 마을사람들은 석이네 집에 일어난 일들이 마치 전염병처럼 자기들한테도 일어날까봐 석이네 식구를 가까이 하지 않았습니다.

아주 무더운 여름날 오후였습니다. 차돌이는 쓰러져 있는 석이를 발견하였습니다. 차돌이는 석이를 등에 업고 석이네 집으로 갔습니다. 깜짝 놀란 석이엄마는 차돌이에게 고맙다는 말과 함께 자신의 처지를 한탄하였습니다.

"차돌아, 정말 고맙다."

"별말씀을요."

"이렇게 더운 날에 몸도 좋지 않은 석이가 어디를 갔던 걸까요?"

"내가 삯바느질[7]을 해서 겨우 살고 있잖니... 건너 마을에서 일감을 준다고 하기에 석이가 나 대신에 가는 길이었단다."

"아, 그랬군요.

"석이아빠만 있어도 석이가 저렇게 고생은 하지 않을 텐데..."

"제가 도와드릴 일이 있을까요?"

"아니야, 우리 석이를 구해줘서 고맙구나."

"제 도움이 필요하시면 언제든지 말씀하세요."

차돌이는 서로를 아끼고 걱정해 주는 석이와 석이엄마의 모습이 한없이 부러웠습니다. 차돌이는 나이가 들면서 자신을 버린 부모님이 원망스럽기도 했지만, 자신의 부모님이 누구인지 궁금했습니다. 때로는 얼굴도 모르는 부모님이 그리워 눈물도 흘렸습니다.

며칠 후, 창백한 얼굴의 석이가 차돌이를 찾아왔습니다.

---

7. 삯을 받고 해 주는 바느질.

"차돌아, 나를 구해줘서 정말 고마워."

"네가 무사해서 다행이야."

"너에게 할 말이 있어. 우리 아버지가 농사를 짓던 땅이 있는데... 오랫동안 버려져서 어떨지 모르겠지만 네가 그 땅에서 농사를 지어보면 어떨까?"

"그래도 될까? 기회를 준다면 해보고 싶어. 고마워."

"고맙기는... 엄마와 나는 농사를 지을 수 없고, 마을 사람들은 우리를 가까이 하지 않잖아. 몹쓸 병이 도는 집이라고..."

이튿날 차돌이는 석이네 땅으로 갔습니다. 잡초들이 무성했지만 꽤 쓸모가 있어 보였습니다. 그날부터 차돌이는 동이 틀 때부터 해가 질 때까지 쉬지 않고 잡초를 뽑고 돌을 골라 버려진 땅을 밭으로 만들었습니다. 말끔해진 밭은 생각보다 넓었습니다. 한편 마을 사람들은 석이네 땅에서 농사를 짓겠다는 차돌이가 걱정되었습니다. 차돌이가 석이네 가족과 가까이 지내면 차돌이에게도 불행한 일들이 생길지도 모른다는 생각이 들었기 때문입니다.

차돌이는 새로 마련된 밭에 무엇을 심어야 할지를 마을 어르신들에게 여쭤보았습니다.

"어르신, 밭에 무엇을 키우면 좋을까요?"

"콩을 심어보면 어떻겠니? 콩은 척박한 땅에서도 잘 자란단다. 그러고 보니 우리 차돌이가 콩하고 비슷한 점이 많구나."

"제가 콩이랑 비슷하다구요?"

"그래. 많은 어려움 속에서도 이렇게 잘 자라서 어엿한 청년이 되었잖니."

"마을 어르신들이 돌봐주신 덕분입니다."

"그나저나 밭에 뿌릴 콩은 있니?"

"아니요, 어디에서 콩을 구해야 할지 걱정이네요."

"내가 나눠줄 테니 걱정하지 말고 열심히 농사지어서 콩부자가 되거라."

마을 사람들은 콩농사를 시작한다는 차돌이에게 콩을 나눠주었습니다. 십시일반[8]으로 모은 콩은 밭에 뿌리고도 남을 정도였습니다.

차돌이가 일군 밭에서 콩들이 새싹을 틔우고 줄지어 자라고 있을 때 석이가 차돌이를 찾아왔습니다.

"차돌아, 내가 하는 말을 이상하게 생각하지 말고 들어줘."

"그래."

"곧 긴 가뭄이 시작될 거야. 그러니 지하수를 쓸 수 있게 준비해 둬."

---

8. 열 사람이 밥 한 술씩 보태면 한 사람 먹을 분량이 된다는 뜻으로, 여럿이 조금씩 힘을 합하면 한 사람을 돕기 쉬움을 이르는 말.

"그걸 네가 어떻게 알아?"

"5년 전에 가뭄으로 마을의 물이 말라서 사람들이 고생할 때, 우리 집에서 물을 길어갔던 거 기억나니? 그때도 가뭄이 시작될 거라는 걸 알고 준비했었어."

"그랬구나. 하지만 지하수를 어떻게 구하지?"

"내가 수맥[9]이 있는 곳을 알려줄게."

차돌이는 석이가 알려준 곳에서 지하수를 얻을 수 있었습니다. 그리고 석이가 말한 대로 긴 가뭄이 시작되었습니다. 비가 오지 않아 마을의 농작물들은 말라 죽어가고 있었지만 차돌이의 콩밭에는 푸르름이 가득했습니다. 차돌이는 석이에게 고맙다고 인사하러 갔습니다. 석이는 이웃 마을에 심부름을 가고 없었습니다. 석이엄마를 만난 차돌이는 궁금하던 일을 물었습니다.

"석이가 얼마 전에 저를 찾아와서 긴 가뭄이 시작될 거라며 지하수가 있는 곳을 알려 줬어요. 석이 덕분에 콩밭에는 피해가 없었는데... 석이는 어떻게 그런 것들을 알 수 있었을까요?"

"마을 사람들이 알면 우리를 더욱 이상하게 생각할까봐 알리지 못한 비밀이 있어. 사실 석이는 날씨를 맞히는 능력이 있단다."

---

9. 땅속을 흐르는 물의 줄기.

"오... 놀랍네요."

"석이가 말을 하기 시작하면서 '비가 올 것 같아요' 하면 비가 오고, '눈이 올 것 같아요' 하면 눈이 내리더구나."

"정말 신기해요."

"이 사실을 마을 사람들이 알게 된다면 우리를 더욱 이상하게 생각하고 마을에서 쫓아내려고 할 것 같아서 그동안 말을 하지 못했단다."

"그랬군요. 석이의 신통력[10]이 농사에 큰 도움이 될 텐데... 많이 아쉬워요."

석이 덕분에 긴 가뭄을 무사히 넘긴 차돌이의 콩밭에는 꼬투리들이 탐스럽게 열리기 시작했습니다. 가을이 되어 콩들이 여물어가기 시작했습니다. 차돌이는 풍성하게 열린 콩들을 추수할 생각에 흐뭇하였습니다. 그러던 어느 날 석이가 찾아왔습니다.

"차돌아, 올해는 추위가 빨리 시작될 것 같아. 다 키운 콩들이 피해를 입지 않도록 추수를 빨리 끝내야 할 거야."

"고마워."

차돌이는 마을 사람들의 농작물도 피해를 입지 않도록 매서운 추위가 빨리 온다는 것을 알려주며 추수를 서두르라고 하였습니다. 그

10. 무슨 일이든지 해낼 수 있는 불가사의한 힘.

러나 마을 사람들은 차돌이가 석이네와 가깝게 지내더니 이상해졌다며 차돌이의 말을 듣지 않았습니다. 며칠 후 갑자기 추워지고 서리가 내렸습니다. 갑작스러운 추위에 농작물들이 얼어 마을 사람들은 힘들게 지은 한 해 농사를 망치게 되었습니다.

석이의 도움으로 농사를 망치지 않고 많은 콩을 수확하게 된 차돌이는 콩을 가지고 석이네 집으로 갔습니다.

"이 콩을 받아줘."

"차돌아, 네가 힘들게 농사를 지어서 얻은 콩을 이렇게 받아도 될까?"

"당연하지. 너의 도움이 아니었다면 농사를 잘 지을 수 없었을 거야. 그래서 말인데... 마을 사람들에게 너의 신통력에 대해 말해보는 건 어때?"

"글쎄... 마을 사람들은 나를 이상하게 생각할 거야."

"너만 괜찮다면 내가 도와줄게. 긴 가뭄과 갑자기 시작된 추위 때문에 마을 사람들이 피해를 입었을 때 나는 너의 도움으로 이렇게 콩부자가 됐잖아. 너의 능력이 농사에 도움이 된다는 걸 마을 사람들이 안다면 이상하게 생각하지 않을 거야."

"정말 그럴까?"

"이제 너와 어머니도 마을 사람들과 더불어 살아야지."

"그래, 용기를 내볼게. 이제부터 내 이름처럼 단단해질 거야."

"이름이 돌을 의미하는 석(石)이구나?"

"응... 하하."

"너는 그냥 돌이 아닌 비바람에도 흔들리지 않는 바위와 같은 존재야. 많은 어려움 속에서도 지금까지 꿋꿋하게 잘 견뎌왔잖아."

"너도 마찬가지야. 차돌이라는 이름도 너에게 정말 잘 어울려."

"그러고 보니 너와 나는 비슷한 점이 정말 많구나. 우리 의형제[11]를 맺을까? 서로를 도우면서 쉽게 변하지 않고 흔들리지 않는 바위처럼 굳세고 단단하게 살아보자."

"그래, 차돌아. 우리 의형제가 되어 세상을 환하게 비추는 보석이 되어 보자."

의형제가 된 차돌이와 석이는 함께 마을 사람들을 찾아가 콩을 나눠주며 말했습니다.

"어르신들께서 콩을 나눠주신 덕분에 제가 이렇게 많은 콩을 수확할 수 있었어요. 감사한 마음을 전하고자 콩을 가져왔습니다. 그리고 한 가지 더 말씀드릴 게 있어요. 제가 가뭄에 대비하고 추위를 피할 수 있었던 것은 석이의 신통력 때문이에요. 석이는 병에 걸린 게 아니고 날씨를 맞추는 신기한 능력을 갖고 있어요. 석이의 신통력이 어르신들의 농사에 큰 도움이 될 거에요."

---

11. 의로 맺은 형제. 아버지나 어머니가 다른 형제.

석이네와 가깝게 지낸 차돌이가 아무 이상이 없고 콩농사에서 풍작[12]을 이루게 된 것이 석이 덕분이라는 사실을 알게 된 마을 사람들은 예전처럼 석이와 석이엄마를 멀리하지 않았습니다.

다음 해 농사가 시작되었습니다. 석이는 엄청난 폭우가 내릴 것을 예견하였고, 마을 사람들은 미리 대비를 하여 큰 피해를 줄일 수 있었습니다. 이후 사람들은 석이를 믿게 되었고, 석이네 가족과 사이좋게 지냈습니다.

차돌이와 석이는 마을의 자랑거리가 되었습니다. 차돌이의 성실함과 석이의 신통력으로 마을의 농사는 해마다 풍년이었습니다. 풍요로움이 가득한 마을은 언제나 웃음꽃이 넘쳤습니다.

---

12. 풍년이 든 농작(農作).

　버려진 아기였던 차돌이는 노부부의 보살핌을 받고 성실한 청년으로 성장하여 마을에서 없어서는 안 될 일꾼이 되었다. 한편 마을 사람들은 좋지 않은 일이 연달아 생기는 석이네 가족을 가까이하지 않았다. 석이엄마는 석이에게 날씨를 맞추는 신통력이 있었으나 마을에서 쫓겨날 것을 두려워하여 그 사실을 숨겼다. 차돌이는 길에 쓰러진 석이를 구해주었고, 석이네는 차돌이에게 농사를 지을 수 있도록 땅을 빌려주었다. 마을 사람들은 성실하게 일하는 차돌이에게 농사지을 콩을 주었다. 신통력을 가진 석이의 도움으로 차돌이는 가뭄과 추위에도 불구하고 많은 콩을 수확하게 되었다. 차돌이는 마을 사람들과 석이네 가족이 베풀어 준 은혜를 잊지 않고 콩을 함께 나누었다. 그리고 마을 사람들에게 석이의 신통력을 알려 농사에 도움을 주었다. 의형제가 된 차돌이와 석이는 마을 사람들을 도우면서 행복하게 살았다.

　생명의 소중함은 아무리 강조해도 지나치지 않다. 그러나 소중한 생명이 때로는 버림을 받기도 한다. '버려진 생명'도 누군가의 도움을 받고 보살핌을 받는다면 온전히 성장할 수 있다. 차돌이가 그렇다. 차돌이는 생명의 소중함을 아는 노부부의 보살핌으로 생명을 구할 수 있었고, 마을 사람들의 인정을 받는 청년으로 성장하였다. 그리고 차돌이 역시 위험에 처한 석이의 생명을 구하고, 콩을 키우는 농사꾼이 된다. 마을 사람들에게 외면을 당하던 석이도 차돌이의 도움으로 마을 사람들에게 자신의 신비한 능력을 밝히고 당당하게 세상에 나오게 된다. 석이의 능력만이 신비한 것이 아니다. 우리 모두는 자신만의 신비한 능력을 갖고 있다. 어떤 사람은 누군가를 기쁘게 하는 능력을 갖고 있고, 어떤 사람은 주변을 깨끗하게 하는 능력을 갖고 있기도 하다. 하지만 능력이 아무리 뛰어나더라도 감춰놓으면 쓸모가 없게 된다. 그러한 능력은 스스로 노력하여 세상에 드러나게 할 때 비로소 가치 있게 된다. 하지만 조건이 있다. 반드시 생명을 살리는 데에 뛰어난 능력을 써야 한다는 것이다. 그리고 이를 위해서는 진정한 생명의 가치와 소중함을 아는 것이 선행되어야 한다.

삶이 힘들 때 보통의 사람들은 쉽게 포기한다. 하지만 차돌이와 석이는 어떠한 어려움에도 묵묵히 견디고, 쉽게 변하지 않으며, 흔들리지 않는 바위의 모습을 보여준다. 그들의 이름은 그러한 이미지를 담고 있다. 그리고 버려졌던 차돌이와 숨어지내던 석이는 생명의 가치와 소중함을 알고 진정한 생명 사랑을 실천한다.

함께 해요

1. 석이엄마가 석이의 신통력을 숨긴 이유는 무엇일까요?

_____

_____

_____

_____

_____

2. 차돌이에게 콩은 어떤 의미가 있을까요?

_____

_____

_____

_____

_____

3. 차돌이가 마을 사람들과 석이네 가족에게 콩을 나눠 준 까닭은 무엇
   인가요?

_____

_____

_____

_____

_____

4. 이 마을의 이름을 지어 주세요.

_____

_____

_____

_____

_____

5. 마을공동체를 위해서 우리는 무엇을 해야 할까요?

_____

_____

_____

_____

_____

저자 이정은

·한림대학교 생명교육융합 협동과정 생사학 박사 수료
·한림대학교 생사학연구소 연구원
·주요 연구
「뉴스 빅데이터를 활용한 한국의 자살현상 분석」(2021)
「정신적 웰빙이 노인의 자살위험에 미치는 영향」(2018)
「노인의 자살생각에 영향을 미치는 요인군에 대한 메타분석」(2017)
·저서
「자살이론의 과거, 현재, 미래」(박문사, 2019)
「우리 삶의 이야기, 다시 쓰기」(학지사, 2017)

이 야 기
우 리 가
살아가는 힘

3 지렁이 꼬리

강원남

옛날 옛적 개미 마을에 검돌이와 적돌이라는 개미가 살았습니다. 검돌이는 크고 힘이 세며 늘 부지런하고 성실했습니다. 그리고 나이 많고 아프고 병든 개미들을 돌봐주는 착한 심성을 가졌습니다. 반면 적돌이도 크고 힘이 셌지만 검돌이와는 정반대로 늘 게으름을 피우고 못된 짓을 일삼았습니다. 그리고 다른 개미들을 괴롭히고 못살게 구는 심술 궂은 심성을 가지고 있었습니다.

그러던 어느 날 개미 마을에 가뭄이 들었습니다. 가뭄이 들어 먹을 것을 구할 수 없게 되자 많은 개미들이 배고픔에 시달렸습니다. 그래서 검돌이는 식량을 구하기 위해 먼 길을 떠나기로 다짐했습니다. 하지만 검돌이는 나이 많고 아프고 병든 개미들이 걱정 되었습니다. 그래서 적돌이를 찾아가 부탁하였습니다.

"적돌아, 내가 식량을 구해오는 동안 약한 개미들을 돌봐줄래? 부탁할게."

"귀찮아. 밥만 축내는 것들이 어찌되든 나랑 무슨 상관이야?"

"그래도 네가 힘도 세고 덩치도 크니 보살펴주면 좋겠어. 창고에 남아 있는 식량을 네가 맡아서 조금씩 나눠줬으면 해. 돌아오면 내가 꼭 신세를 갚을게."

적돌이는 내키지 않는 표정을 지었지만 식량 창고를 맡아달라는 부탁에 속으로는 미소를 지으며 승낙했습니다.

그렇게 검돌이가 떠난 후 적돌이는 식량 창고를 관리하게 되었습니다. 그러나 적돌이는 검돌이의 부탁을 들어주기는 커녕, 나누어 줄 식량을 몰래 **빼돌려** 자기의 창고를 채우기 시작했습니다. 그리고 나이 많고 아프고 병든 개미들을 거들떠보지도 않고 괴롭히며 윽박질렀습니다.

적돌이가 소리쳤습니다.

"일을 안하면 먹지를 말아야지! 누워있으면 먹지마!"

그러자 나이 든 개미가 말했습니다.

　"그렇지만 나이가 들어서 움직일 수가 없단다. 먹을 것을 조금만 더 나눠다오."

곁에 있던 아픈 개미들도 적돌이에게 부탁했습니다.

　"아프고 허기져서 움직일 수가 없어. 조금만 더 나눠줘."

적돌이는 또 소리를 쳤습니다.

　"아픈게 무슨 벼슬이야? 주는 대로 고분고분하게 먹어! 한 톨이라도 주는 걸 감사하게 여겨야지!"

적돌이의 괴롭힘이 계속 되던 어느 날, 마침내 마을에는 비가 내리기 시작했습니다. 그러나 빗줄기는 점점 더 거세어져, 큰 비바람이 되었고, 폭우가 이어져 홍수로 바뀌기 시작했습니다. 가뭄이 사라졌다는 기쁨도 잠시, 개미 마을에는 홍수가 닥치기 시작했고, 마을의 개미들은 서둘러 굴에서 빠져나왔습니다. 나이 많고 아프고 병든 개미들도 무너진 흙더미 사이로 빠져나와 다행히 목숨을 구할 수 있었습니다.

그러나 적돌이는 홍수가 개미굴을 덮치는데도 불구하고 창고에 숨겨놓은 식량을 옮기기 바빴습니다.

'어떻게 모은 식량인데, 뺏길 수 없지.'

다른 개미들이 서둘러 마을을 빠져나가는데도 불구하고, 적돌이는 식량을 옮기느라 정신이 없었습니다. 결국 홍수와 함께 개미 마을은 무너져 내렸고, 빠져나오지 못한 적돌이는 흙더미에 깔려 그만 정신을 잃고 말았습니다.

비가 그치고 홍수도 멈춘 뒤, 식량을 구하러 떠났던 검돌이는 개미 마을에 큰 홍수가 났다는 소식을 듣고 서둘러 마을로 돌아왔습니다. 그리고 적돌이가 빠져나오지 못하고 갇혀 있다는 사실을 알게 되었습니다. 검돌이가 말했습니다.

"애들아, 우리 힘을 모아서 서둘러 적돌이를 구하자!"

그러자 다른 개미들이 말했습니다.

"적돌이는 네가 없는 동안 나이 많고 아프고 병든 개미들에게 식량을 나눠주지도 않고, 혼자 독차지했어. 벌을 받아 마땅해."

다시 검돌이가 말했습니다.

"그래도 우선 목숨은 살리고 봐야지. 벌할 땐 벌하더라도 먼저 적돌이를 구해야 돼. 시간이 많이 흘렀어. 서둘러야 해."

그러자 나이 많은 어른 개미가 말했습니다.

"하지만 지금 다시 굴에 들어간다면, 굴이 무너져 우리 모두가 위험에 처할지도 모른단다."

다른 개미들은 어른 개미의 말에 겁이나 더욱 나서기를 꺼렸습니다.

그 무렵 땅 속에 갇혀 있던 적돌이는 정신을 차렸습니다. 힘이 센 적돌이었지만 흙에 깔려 옴짝 달싹 할 수 없었습니다. 게다가 가득한 식량 때문에 오히려 공기가 통하지 않아 숨이 막혔습니다. 빛도 한 줌 들어오지 않는 어둠 속에서 꼼짝없이 죽기만을 기다리게 되었습니다. 그러자 문득 자신의 지난날이 돌이켜졌습니다.

'이럴 줄 알았으면, 검돌이 처럼 착하게 살걸. 나이 많고 아프고 병든 개미들도 보살펴줄걸. 욕심만 부리다가 결국 이렇게 벌을 받는구나.'

적돌이는 지난날을 후회하며 눈물을 흘리기 시작했습니다.

그러던 그때 어둠 속에서 작은 불빛이 보이기 시작했습니다. 깜짝 놀란 적돌이는 그곳을 유심히 지켜봤습니다. 무언가 움직이는 모습이 눈에 들어와 자세히 살펴보았습니다. 그것은 바로 지렁이였습니다. 오래전 적돌이는 자신의 창고에서 나이 많은 지렁이 한 마리를 발견했습니다. 지렁이는 보기만 해도 징그럽고 오래되어 쉰 냄새를 풍겼습니다. 또 자리를 차지하고 창고에 구멍을 내기도 했습니다. 그 모습이 못마땅해 내쫓을까도 생각했지만, 창고에 썩은 음식을 던져주자 곧잘 해치우는 모습을 보며 그냥 살려두기로 했었습니다.

그때 살려둔 지렁이가 땅을 파며 작은 구멍을 만들어 내고 있었습니다. 지렁이는 몸을 꿈틀거리며 굴을 파기 시작했고, 적돌이에게 따라오라는 듯 꼬리를 내밀었습니다. 적돌이는 있는 힘을 다해 지렁이의 꼬리를 붙잡고 매달렸습니다.

"살려줘! 제발 살려줘!"

마을 입구에 서있던 검돌이는 어디선가 적돌이의 목소리가 들려오는 것 같았습니다. 깜짝 놀란 검돌이가 땅을 자세히 살펴보니 작은 들썩거림과 함께 굴이 파지는 것을 볼 수 있었습니다. 굴 속에는 지렁이가 길을 내고 있었습니다. 검돌이는 적돌이가 살아있음을 직감하고, 지렁이를 있는 힘껏 잡아 당겼습니다. 그리고 지렁이의 꼬리에 매달린 적돌이를 발견했습니다.

"얘들아! 적돌이가 살아있어!"

검돌이는 적돌이를 부축하여 서둘러 땅 위로 옮겼습니다.

가까스로 목숨을 구한 적돌이는 눈물을 흘리며 개미들에게 말했습니다.

"얘들아 정말 고마워, 그리고 미안해. 잘못했어. 다시는 욕심 부리지 않을게."

그리고 자신이 살아날 수 있도록 도와주었던 지렁이를 어루만지며 고마움을 표현했습니다.

개미들은 다시 열심히 힘을 모아 마을을 만들었고, 적돌이는 검돌이와 함께 나이 많고 아프고 병든 개미들을 돌보며 사이좋게 지냈습니다. 그리고 지렁이들도 개미 마을에서 더불어 살게 되었습니다.

. . .

아이들이 마당에 앉아 모래놀이를 하고 있었습니다. 한 아이가 땅을 파다 개미굴을 발견했습니다. 그러자 옆에 있던 아이들에게 이렇게 말했습니다.

"여기 개미들이 사는 굴이 있어. 여기에 물을 부어 홍수를 일으켜볼까?"

다른 아이도 말했습니다.

"땅 밑에 지렁이도 있었어. 으 징그러워. 나뭇가지로 찔러 볼 거야."
"야 이거 봐. 지렁이 꼬리에 빨간 개미가 매달려 있어. 하하하"

아이들은 커다란 물조리개에 물을 담아 개미굴에 붓기 시작했고, 나뭇가지로 개미굴을 무너뜨리기 시작했습니다. 또 개미와 지렁이를 괴롭히며 즐거워했습니다.

심술 많은 개미인 적돌이가 무심코 살려준 지렁이를 통해 목숨을 구하고 새로운 삶을 살아간다는 이야기입니다. 개미는 성실함과 더불어 협동하는 대표적인 곤충입니다. 그러나 적돌이는 반대로 게으름을 피우며 심술궂은 행동을 일삼습니다. 심지어 나이 들고 아프고 약한 개미들을 돌보아 달라는 검돌이의 부탁도 거절하고 혼자만의 욕심을 채우기에 급급합니다. 결국 홍수로 목숨을 잃을 뻔한 절체절명의 순간, 무심코 살려준 지렁이를 통해 목숨을 구하게 됩니다. 작은 선행도 어쩌면 자신을 구할 수 있는 힘이 됩니다.

이 이야기는 불교의 경전인 목련경을 모티브로 삼았습니다. 부처님의 제자인 목련존자의 어머니가 돌아가셨습니다. 목련존자는 신통력을 발휘하여 어머니께서 저승의 어느 곳에 계시나 살펴보니 지옥에 계셨습니다. 어머니를 지옥에서 구하기 위해 어머니의 평생의 삶을 살펴보니, 어머니가 한 착한 일이라곤 거미줄에 매달려 화로에 떨어질 뻔한 거미 한 마리를 손가락으로 팅겨준 일 뿐이었습니다. 목련존자는 겨우 거미줄 하나를 내려 지옥에 계신 어머니를 구하기 위해 노력합니다. 그러나 거미줄에 매달린 어머니는 다른 이들이 함께 가자고 매달리자 그들을 발로 차 떨어뜨립니다. 결국 거미줄은 끊어져 어머니는 다시 지옥에 떨어지게 됩니다.

이처럼 삶에서 실천한 작은 선행이, 나를 구하는 보답으로 돌아올 수 있습니다. 결국 누군가를 위한 선행은 곧 나를 위한 선행이 됩니다. 나의 생명이 소중하듯 다른 생명도 소중합니다. 우리는 모두 연결되어 있기 때문입니다.

함께 해요

1. 나이 많고 아프고 병든 개미들에게 먹을 것을 주지 않은 적돌이에
   대해 어떻게 생각하나요?

_____

_____

_____

_____

_____

2. 검돌이는 적돌이를 왜 살리려고 했을까요?

_____

_____

_____

_____

_____

3. 지렁이는 왜 적돌이에게 꼬리를 내밀었을까요?

_____

_____

_____

_____

_____

4. 아이들이 만든 홍수는 개미 마을에 어떤 영향을 미쳤을까요?

_____

_____

_____

_____

_____

5. 생명은 모두 소중할까요? 모기, 바퀴벌레와 같은 생명도 정말 소중할
   까요?

_____

_____

_____

_____

_____

저자 강원남

·한림대학교 생명교육융합 협동과정 생사학 박사 과정
·행복한 죽음 웰다잉 연구소 소장
·주요 연구
「서울시 관내 노인복지관 이용 노인의 죽음준비교육에 대한 효과」(2020)
·저서
「누구나 죽음은 처음입니다」(메이드인, 2020)

저자소개

글

유지영 한림대학교 고령사회연구소 HK교수
김혜미 한림대학교 생사학연구소 HK연구교수
김경희 글수레 청소년문화원 대표
손경형 국제pen한국본부 회원
정예빈 한림대학교 생명교육융합 협동과정 생사학 박사 과정
정영미 아주작은상담실 공감 소장
박미옥 강원도 춘천교육지원청 학습종합클리닉 기초학습지원단
용채은 한림대학교 생명교육융합 협동과정 생사학 석사
이정은 한림대학교 생사학연구소 연구원
강원남 행복한 죽음 웰다잉 연구소 소장

그림

문진성 California College of the Arts 대학원 그래픽디자인 과정 재학 중

생명교육총서 **6**

이야기, 우리가 살아가는 힘

초판인쇄 2021년 08월 21일
초판발행 2021년 08월 30일

글 쓴 이 유지영 · 김혜미 · 김경희 · 손경형 · 정예빈
　　　　　 정영미 · 박미옥 · 용채은 · 이정은 · 강원남
그　　림 문진성

발 행 인 윤석현
책임편집 윤여남
발 행 처 도서출판 박문사
주　　소 서울시 도봉구 우이천로 353
전　　화 (02) 992-3253(대)
전　　송 (02) 991-1285
전자우편 bakmunsa@hanmail.net
홈페이지 http://jnc.jncbms.co.kr
등록번호 제2009-11호

ⓒ 한림대학교 고령사회연구소 및 생사학연구소 2021.

ISBN 979-11-89292-87-4　04100　　　　　**정가** 16,000원
　　　 979-11-87425-84-7　(set)